LENGUA CASTELLANA Y LITERATURA

3
ESO

Analiza tus competencias

PRUEBAS DE EVALUACIÓN DIAGNÓSTICA

PRUEBAS CDI

PRUEBAS PISA

Roberto Bravo de la Varga

Casals

¿Cómo se organiza el cuaderno?

Este cuaderno tiene la finalidad de comprobar los **objetivos** alcanzados en el curso y el grado de adquisición de las **competencias básicas**. Consta de 9 pruebas de lectura.

LAS PRUEBAS

Basadas en la **Evaluación de diagnóstico en competencia comunicativa**, en las pruebas **PISA** y sus procesos de comprensión lectora, y en las pruebas de **Conocimientos y Destrezas Indispensables**, presentan la siguiente estructura:

Texto de partida.

Quince **actividades** de comprensión lectora y conocimientos y destrezas de Lengua.

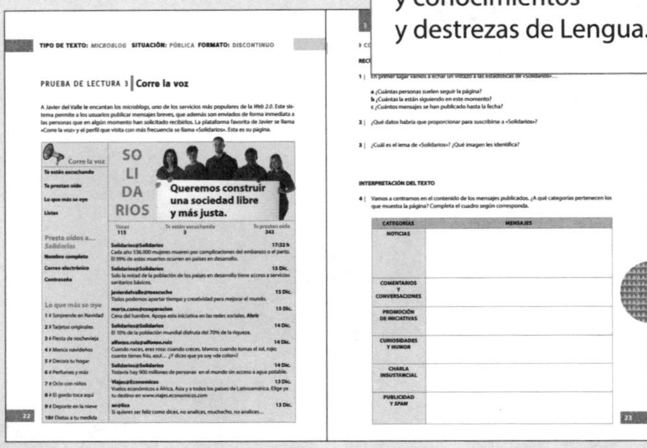

Autoevaluación: mis resultados

- Tabla para evaluar el grado de adquisición de la competencia comunicativa.
- Tabla para evaluar el grado de adquisición de las demás competencias.

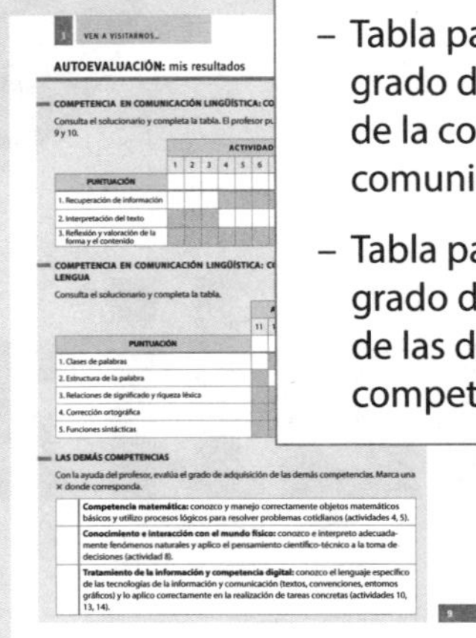

EL SOLUCIONARIO

LA VALORACIÓN FINAL Y EL INFORME DE EVALUACIÓN

Tablas para valorar los resultados globales del cuaderno y elaborar un informe final.

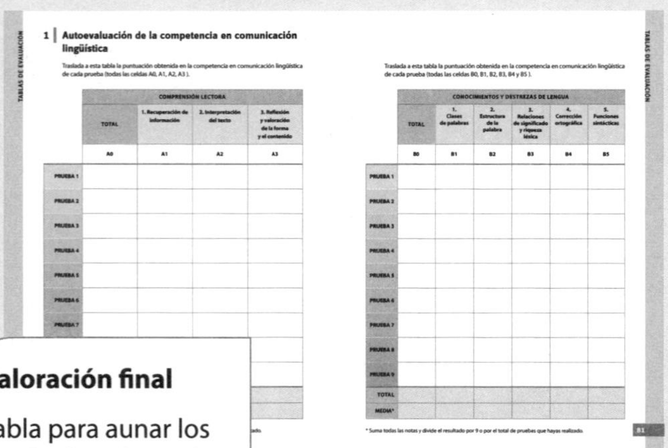

Valoración final

Tabla para aunar los resultados obtenidos en las 9 pruebas.

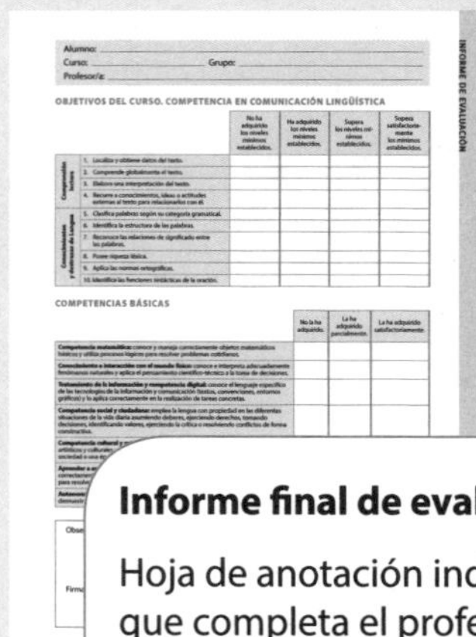

Informe final de evaluación

Hoja de anotación individual que completa el profesor o profesora en función de la autoevaluación final. Está dirigida al padre, a la madre o tutor.

EL CD

Contiene textos orales para su comprensión y dictados.

¿Cómo se completan las tablas de autoevaluación?

AUTOEVALUACIÓN DE LAS PRUEBAS

Al final de cada prueba figuran tres tablas de autoevaluación: dos para la competencia en comunicación lingüística y una para las demás competencias. Las completa el alumno con la ayuda del solucionario y del profesor, en algunos casos.

Competencia en comunicación lingüística

1 Consulta el solucionario y valora si la respuesta en cada actividad vale 1, 0,5 o 0 puntos.

2 Suma los puntos de cada actividad y obtendrás la **puntuación de la prueba**.

	ACTIVIDAD					TOTAL		
	11	12	13	14	15			
PUNTUACIÓN								B0
1. Clases de palabras							· 10 =	B1
2. Estructura de la palabra							· 10 =	B2
3. Relaciones de significado y riqueza léxica							· 10 =	B3
…n ortográfica							· 10 =	B4
…s sintácticas							· 10 =	

3 Repite en cada una de las celdas libres de cada columna la puntuación de la actividad correspondiente.

4 Suma los valores de cada fila.

5 Realiza la operación indicada y obtendrás la **puntuación de la competencia en comunicación lingüística**.

Las demás competencias

Cada prueba se relaciona con tres competencias no lingüísticas.

	Competencia social y ciudadana: empleo la lengua con propiedad en las diferentes situaciones de la vida diaria asumiendo deberes, ejerciendo derechos, tomando decisiones, identificando valores, ejerciendo la crítica o resolviendo conflictos de forma constructiva (actividades 6, 7, 8).
	Aprender a aprender: defino correctamente los términos de un problema, manejo correctamente la información de que dispongo y busco los elementos y recursos precisos para resolverlo, depurando los errores y sistematizando el proceso de cara al futuro (actividades 1, 2, 3, 4, 5).
	Autonomía e iniciativa personal: afronto las tareas con una actitud positiva y demuestro tener un criterio propio a la hora de actuar (actividades 9, 10).

6 Consulta el solucionario y pon una X si corresponde.

VALORACIÓN FINAL

7 Traslada la puntuación de cada prueba (todas las celdas A0, A1, A2…) a la tabla de competencia en comunicación lingüística.

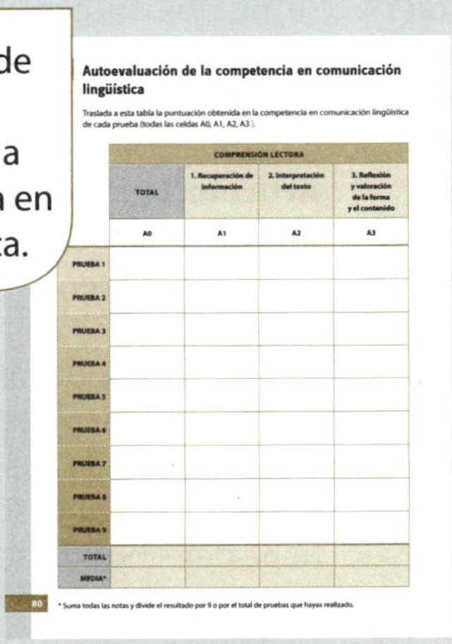

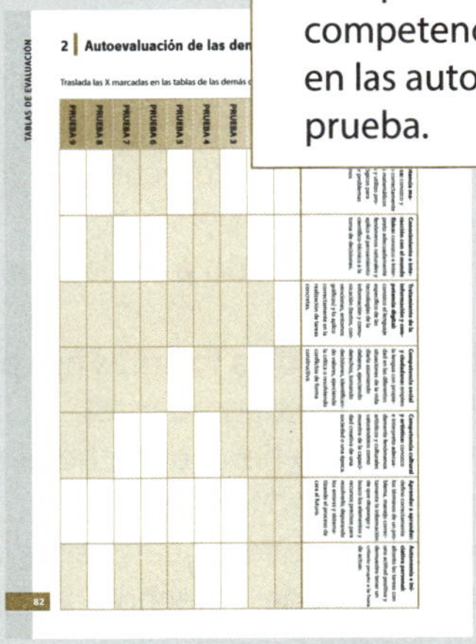

8 Completa la tabla de las demás competencias con las X obtenidas en las autoevaluaciones de cada prueba.

Tablas también disponibles en formato digital en www.ecasals.net

PRUEBA DE LECTURA 1 | Derechos humanos

El 10 de diciembre de 1948, la Asamblea General de las Naciones Unidas aprobó y proclamó la *Declaración Universal de los Derechos Humanos*. Tras este acto histórico, la Asamblea pidió a todos los países miembros que publicaran y difundieran el texto, para que fuera conocido por los ciudadanos así como leído y comentado en los centros educativos.

Declaración Universal de los Derechos Humanos

Preámbulo. Considerando que la libertad, la justicia y la paz en el mundo tienen por base el reconocimiento de la dignidad intrínseca y de los derechos iguales e inalienables de todos los miembros de la familia humana; considerando que el desconocimiento y el menosprecio de los derechos humanos han originado actos de barbarie vergonzosos para la conciencia de la humanidad; considerando esencial que los derechos humanos sean protegidos por un régimen de derecho; considerando también esencial promover el desarrollo de relaciones amistosas entre las naciones

La Asamblea General

Proclama la presente *Declaración Universal de Derechos Humanos*, a fin de que tanto los individuos como las instituciones, promuevan, mediante la enseñanza y la educación, el respeto a estos derechos y libertades, y aseguren, por medidas progresivas de carácter nacional e internacional, su reconocimiento y aplicación universales y efectivos.

Artículo 1. Todos los seres humanos nacen libres e iguales en dignidad y derechos y, dotados como están de razón y conciencia, deben comportarse fraternalmente los unos con los otros.
Artículo 2. Toda persona tiene los derechos y libertades proclamados en esta Declaración, sin distinción alguna de raza, color, sexo, idioma, religión, opinión política o de cualquier otra índole, origen nacional o social, posición económica, nacimiento o cualquier otra condición.
Artículo 3. Todo individuo tiene derecho a la vida, a la libertad y a la seguridad de su persona.
Artículo 4. Nadie estará sometido a esclavitud ni a servidumbre.
Artículo 5. Nadie será sometido a torturas ni a penas o tratos crueles, inhumanos o degradantes.
Artículo 6. Todo ser humano tiene derecho al reconocimiento de su personalidad jurídica.
Artículo 7. Todos los hombres son iguales ante la ley.
Artículo 8. Toda persona tiene derecho a recurrir a los tribunales para defender sus derechos.
Artículo 9. Nadie podrá ser arbitrariamente detenido, preso ni desterrado.
Artículo 10. Toda persona tiene derecho a ser oída por un tribunal imparcial.
Artículo 11. Toda persona acusada de delito tiene derecho a que se presuma su inocencia mientras no se pruebe su culpabilidad. Nadie será condenado por actos u omisiones que en el momento de cometerse no fueron delictivos según el derecho nacional o internacional.
Artículo 12. Nadie será objeto de injerencias arbitrarias en su vida privada, su familia, su domicilio o su correspondencia, ni de ataques a su honra o a su reputación.
Artículo 13. Toda persona tiene derecho a circular libremente, a elegir su residencia en el territorio de un Estado, a salir de cualquier país y a regresar a su país.
Artículo 14. En caso de persecución, toda persona tiene derecho a buscar asilo en cualquier país.
Artículo 15. Toda persona tiene derecho a una nacionalidad.

Artículo 16. Los hombres y las mujeres tienen derecho, sin restricción alguna por motivos de raza, nacionalidad o religión, a casarse y fundar una familia. Solo mediante libre y pleno consentimiento de los futuros esposos podrá contraerse el matrimonio. La familia es el elemento natural y fundamental de la sociedad y tiene derecho a la protección de la sociedad y del Estado.
Artículo 17. Toda persona tiene derecho a la propiedad, individual y colectivamente.
Artículo 18. Toda persona tiene derecho a la libertad de pensamiento, de conciencia y de religión, así como la libertad de manifestar su religión o su creencia, individual y colectivamente, tanto en público como en privado, por la enseñanza, la práctica, el culto y la observancia.
Artículo 19. Todo individuo tiene derecho a la libertad de opinión y de expresión.
Artículo 20. Toda persona tiene derecho a la libertad de reunión y de asociación pacíficas.
Artículo 21. Toda persona tiene derecho a participar en el gobierno de su país, directamente o por medio de representantes libremente escogidos.
Artículo 22. Toda persona tiene derecho a la seguridad social.
Artículo 23. Toda persona tiene derecho al trabajo, a la libre elección de su trabajo. Toda persona tiene derecho, sin discriminación alguna, a igual salario por trabajo igual. Toda persona que trabaja tiene derecho a una remuneración equitativa y satisfactoria, que le asegure, así como a su familia, una existencia conforme a la dignidad humana. Toda persona tiene derecho a fundar sindicatos y a sindicarse para la defensa de sus intereses.
Artículo 24. Toda persona tiene derecho al descanso, al disfrute del tiempo libre, a una limitación razonable de la duración del trabajo y a vacaciones periódicas pagadas.
Artículo 25. Toda persona tiene derecho a un nivel de vida adecuado que le asegure, así como a su familia, la salud y el bienestar, y en especial la alimentación, el vestido, la vivienda, la asistencia médica y los servicios sociales necesarios. La maternidad y la infancia tienen derecho a cuidados y asistencia especiales.
Artículo 26. Toda persona tiene derecho a la educación, que debe ser gratuita, al menos en lo concerniente a la instrucción elemental y fundamental, y tendrá por objeto el pleno desarrollo de la personalidad humana. Los padres tendrán derecho preferente a escoger el tipo de educación que habrá de darse a sus hijos.
Artículo 27. Toda persona tiene derecho a tomar parte en la vida cultural a gozar de las artes y a participar en el progreso científico y en los beneficios que de él resulten.
Artículo 28. Toda persona tiene derecho a que se establezca un orden social e internacional en el que los derechos y libertades proclamados en esta Declaración sean efectivos.
Artículo 29. Toda persona tiene deberes respecto a la comunidad. En el ejercicio de sus derechos y en el disfrute de sus libertades, estará sujeta a las limitaciones establecidas por la ley con el fin de asegurar el respeto de los derechos y libertades de los demás, y de satisfacer las justas exigencias de la moral, del orden público y del bienestar general.
Artículo 30. Nada en la presente Declaración podrá interpretarse en el sentido de que confiere derecho alguno al Estado, a un grupo o a una persona, para emprender y desarrollar actividades o realizar actos tendientes a la supresión de cualquiera de los derechos y libertades proclamados en esta Declaración.

TEXTO NORMATIVO

COMPRENSIÓN LECTORA

RECUPERACIÓN DE INFORMACIÓN

1 | En el preámbulo de la *Declaración Universal de los Derechos Humanos* se exponen los motivos que han llevado a la redacción del texto y las intenciones que abriga.

- ☐ a) Su objetivo es alcanzar la libertad, la justicia y la paz entre las naciones.
- ☐ b) La idea fundamental es reconocer la dignidad y los derechos del hombre, proteger dichos derechos y promover una relación amistosa entre las naciones.
- ☐ c) Su propósito es evitar los vergonzosos actos de barbarie que han tenido lugar en el pasado.
- ☐ d) Su sentido es promover, mediante la enseñanza y la educación, el respeto a los derechos y libertades del hombre.

2 | Completa la tabla señalando el artículo en el que se reconocen los correspondientes derechos humanos.

DERECHOS HUMANOS	ARTÍCULO
a Igualdad ante la ley.	
b Derecho a la vida, a la libertad y a la seguridad.	
c Derecho a la libertad ideológica y religiosa.	
d Presunción de inocencia.	
e Derecho al honor, la intimidad y la propia imagen.	
f Derecho de asilo.	
g Libertad de residencia y circulación.	
h Derecho a la libertad de expresión.	
i Derecho de reunión y asociación.	
j Derecho a la participación en asuntos públicos.	
k Derecho a la tutela judicial.	
l Principio de legalidad penal.	
m Derecho a la educación y a la libertad de enseñanza.	
n Derecho al matrimonio y protección a la familia.	
ñ Derecho a la propiedad privada.	
o Derecho al trabajo.	
p Derecho al descanso.	
q Régimen público de seguridad social.	
r Acceso a la cultura, la ciencia y la técnica.	
s Derecho a una nacionalidad.	

3 | No todos los artículos se refieren a los derechos del hombre, hay uno que se centra específicamente en los deberes. ¿De cuál se trata y qué se dice en él?

INTERPRETACIÓN DEL TEXTO

4 | En sus treinta artículos, la *Declaración Universal de los Derechos Humanos* recoge derechos muy diversos de carácter civil, político, social, económico y cultural siguiendo un orden determinado. Repasa el texto y decide en qué parte se tratan cada uno de estos puntos completando los siguientes enunciados:

a Los artículos __ y __ proclaman la universalidad de los derechos que se recogen en el documento.

b Los artículos del __ al __ recogen derechos de carácter personal.

c Los artículos del __ al __ recogen derechos del individuo en relación con la comunidad.

d Los artículos del __ al __ recogen derechos de pensamiento, de conciencia, de religión y libertades políticas.

e Los artículos del __ al __ tratan derechos económicos, sociales y culturales.

f Los artículos del __ al __ recogen las condiciones y límites con que estos derechos deben ejercerse.

5 | Desde un punto de vista histórico, los derechos humanos se pueden clasificar en tres bloques o generaciones:

a La primera generación incluye los derechos civiles y políticos. Estos derechos fueron los primeros en ser reconocidos legalmente a finales del siglo XVIII, en la Independencia de Estados Unidos y en la Revolución Francesa. Se trata de derechos que tratan de garantizar la libertad de las personas.
b La segunda generación recoge los derechos económicos, sociales y culturales. Estos derechos fueron incorporados poco a poco en la legislación a finales del siglo XIX y durante el siglo XX. Tratan de fomentar la igualdad real entre las personas, ofreciendo a todos las mismas oportunidades para que puedan desarrollar una vida digna.
c La tercera generación de derechos ha ido incorporándose a las leyes a finales del siglo XX y comienzos del siglo XXI y hacen hincapié en la solidaridad, la cooperación y el respeto. Pretenden fomentar la fraternidad entre los pueblos y las personas de todo el mundo.

Con estos datos y atendiendo a la clasificación que has realizado en el ejercicio anterior, completa el siguiente cuadro resumen.

GENERACIÓN DE DERECHOS	ÉPOCA	TIPO	PRINCIPIO QUE LOS ORIENTA	ARTÍCULOS DE LA *DUDH* EN LOS QUE SE RECONOCEN
1.ª			Libertad	
2.ª		Económicos, sociales y culturales		
3.ª	s. XX-XXI			Artículos 1, 2 y del 28 al 30

6 | Por desgracia, en el mundo actual siguen dándose situaciones que suponen un atropello de los derechos humanos y de las libertades fundamentales de la persona. Lee con atención los siguientes ejemplos. ¿Qué artículo de la *Declaración Universal de los Derechos Humanos* se infringe en cada caso?

CASO	ARTÍCULO
a Una ejecutiva realiza el mismo trabajo que su homólogo masculino y sin embargo cobra un 30% menos.	
b En ciertos países, los terratenientes obligan a trabajar a sus jornaleros de sol a sol los siete días de la semana.	
c Un profesor es sometido a arresto domiciliario por expresar públicamente su opinión política contraria al régimen militar que gobierna su país.	
d Una mujer ha sido ingresada en el hospital, porque su pareja la ha agredido.	
e Hay países en los que, cuando un trabajador es despedido, o finaliza su contrato, no tiene derecho a cobrar un subsidio de desempleo, o donde ningún trabajador tiene seguridad social, solo un seguro médico particular pagado por el propio trabajador.	
f Un sacerdote que trabajaba en una diócesis con los más pobres, intentando ayudarles, ha sido amenazado de muerte; trata de huir al país vecino, pero las autoridades lo rechazan.	
g Dos jóvenes se han hecho novios y pretenden casarse, pero la legislación de su país se lo impide, porque pertenecen a castas diferentes.	
h Un conocido empresario con contactos en el gobierno de su país y dos de sus empleados son detenidos y juzgados por el mismo delito; el primero queda libre, los segundos son condenados a quince años de cárcel.	
i El Estado confisca las tierras de una familia sin ningún tipo de compensación económica.	

7 | Para garantizar el respeto a los derechos humanos existen instancias internacionales como el *Tribunal Europeo de Derechos Humanos* o la *Corte Interamericana de Derechos Humanos* a las que se puede recurrir cuando uno considera que alguno de sus derechos fundamentales ha sido vulnerado. En este ejercicio vas a ponerte en el papel de uno de sus jueces. Tienes sobre tu mesa los siguientes casos. Marca con una cruz aquellos para los que eres competente y tacha aquellos que podrían ser vistos en un tribunal ordinario.

- ☐ a) Torturas y malos tratos a un detenido.
- ☐ b) Posible error en una multa de tráfico.
- ☐ c) Legalidad de una detención.
- ☐ d) Incumplimiento de las normas de una comunidad de vecinos.
- ☐ e) Apropiación indebida de dinero público por parte de un responsable político.
- ☐ f) Discriminación por razón de sexo.
- ☐ g) Derecho de unos padres a decidir sobre la educación de sus hijos.
- ☐ h) Robo con violencia en un domicilio particular.
- ☐ i) Tráfico de drogas.
- ☐ j) Restricciones a la expresión de opiniones o a la libertad de información.
- ☐ k) Expulsión de un país sin causa justificada.
- ☐ l) Evasión de impuestos.
- ☐ m) Confiscación de bienes y expropiaciones.

Tu secretario te urge a que tomes una decisión sobre dos casos. Lee el resumen de cada expediente, emite un veredicto y razona tu decisión con arreglo a los artículos de la *DUDH*.

CASO NÚMERO 1. Una ciudadana británica solicitó una autorización para la apertura de un centro de idiomas en la isla de Tarma. Las autoridades respondieron negativamente, apelando a la normativa vigente, que exigía, como condición esencial para abrir un negocio, ser residente en Tarma. La mujer manifestó que estaba dispuesta a fijar su residencia en la isla. Las autoridades le negaron la entrada al país.

CASO NÚMERO 2. Los responsables de la policía señalaron al señor Gómez como cómplice de un asesinato. Estas declaraciones volvieron a la opinión pública en su contra y destruyeron su buen nombre. Con el tiempo, se supo que el señor Gómez era inocente.

8 | Todo derecho tiene unos límites. Fíjate, por ejemplo, en el derecho a la libertad de expresión. Según el artículo 29 de la *DUDH*, el ejercicio de este derecho podría verse limitado cuando se trata de garantizar: **a** El derecho al honor y a la reputación. **b** La protección de la seguridad nacional o la seguridad de las personas. **c** La protección moral de la infancia y la adolescencia. **d** Los derechos y libertades de los grupos que podrían ser víctimas del odio nacional, racial o religioso. ¿Qué derechos priman en este caso? ¿En qué artículos se recogen?

REFLEXIÓN Y VALORACIÓN DE LA FORMA Y EL CONTENIDO

9 | Uno de los principios básicos de los derechos humanos es su universalidad recogida en los artículos 1 y 2 de la *DUDH*. Sin embargo, esta universalidad está siendo cada vez más cuestionada por quienes consideran que la cultura, los valores, las leyes y tradiciones de cada pueblo y nación deben prevalecer sobre ellos. Así, por ejemplo, los países occidentales no tendrían ningún derecho a imponer a los demás valores como la democracia, la propiedad, la igualdad del hombre y la mujer, o la libertad religiosa y de conciencia. ¿Tiene sentido extender los derechos humanos a todo el mundo? ¿Es posible construir un orden mundial basándose en ellos? Escribe una breve redacción reflexionando sobre este aspecto.

10 | La *DUDH* consta de un preámbulo y 30 artículos. En el año 1998, para conmemorar el 50 aniversario de su aprobación, la UNESCO proclamó la *Declaración de Responsabilidades y Deberes Humanos*, que consta de un preámbulo y 42 artículos agrupados en 12 capítulos, cada cual con un epígrafe y un tema concreto: deberes y responsabilidades, derecho a la vida, etc. ¿Crees que habría sido una buena idea dividir en capítulos el articulado de la *DUDH*? ¿Ganaría claridad o se volvería más confusa?

CONOCIMIENTOS Y DESTREZAS DE LENGUA

TEXTO NORMATIVO

11 | ¿A qué clase de palabras pertenecen «maternidad» e «infancia»?

- [ ] a) Son adjetivos.
- [ ] b) Son nombres abstractos.
- [ ] c) Son nombres colectivos.
- [ ] d) «Maternidad» es un nombre abstracto; mientras que «infancia» puede ser abstracto o colectivo.

12 | El adjetivo «desterrado» procede del nombre «tierra». Se puede apreciar una variación lexemática: la reducción del diptongo «ie» en «e». El mismo fenómeno, aunque a la inversa, se da en el infinitivo «promover» con respecto a la forma conjugada «promuevan», donde se aprecia la diptongación de «o» en «ue». ¿A qué obedecen estos cambios? Fíjate en la posición del acento en cada caso.

13 | Lee las siguientes citas tomadas del texto y proporciona un sinónimo o una expresión equivalente para las palabras subrayadas.

a dignidad intrínseca →

b derechos iguales e inalienables →

c comportarse fraternalmente →

d arbitrariamente detenido →

e remuneración equitativa →

14 | «Nadie será objeto de injerencias arbitrarias en su vida privada»: la palabra «injerencias», ¿procede del verbo «ingerir»? ¿Por qué se escribe con **j**? ¿Se trata de una errata? ¿Ha cambiado la ortografía de la palabra? ¿Existe el verbo «injerir»?

15 | La oración «Todo individuo tiene derecho a la libertad de opinión y expresión»…

- [ ] a) Está formada por un sujeto, un verbo y un CD.
- [ ] b) Está formada por un sujeto, una perífrasis verbal y un CRV.
- [ ] c) Está formada por un sujeto, un verbo y un atributo.
- [ ] d) Está formada por un sujeto, un verbo, un CD y un CI.

Escucha el dictado 1 y reprodúcelo en la página 76 del cuaderno.

AUTOEVALUACIÓN: mis resultados

COMPETENCIA EN COMUNICACIÓN LINGÜÍSTICA: COMPRENSIÓN LECTORA

Consulta el solucionario y completa la tabla. El profesor puede ayudarte a evaluar las preguntas 9 y 10.

	ACTIVIDAD													
	1	2	3	4	5	6	7	8	9	10	TOTAL			
PUNTUACIÓN														A0
1. Recuperación de información												· 3,33 =		A1
2. Interpretación del texto												· 2 =		A2
3. Reflexión y valoración de la forma y el contenido												· 5 =		A3

COMPETENCIA EN COMUNICACIÓN LINGÜÍSTICA: CONOCIMIENTOS Y DESTREZAS DE LENGUA

Consulta el solucionario y completa la tabla.

	ACTIVIDAD								
	11	12	13	14	15	TOTAL			
PUNTUACIÓN									B0
1. Clases de palabras							· 10 =		B1
2. Estructura de la palabra							· 10 =		B2
3. Relaciones de significado y riqueza léxica							· 10 =		B3
4. Corrección ortográfica							· 10 =		B4
5. Funciones sintácticas							· 10 =		B5

LAS DEMÁS COMPETENCIAS

Con la ayuda del profesor, evalúa el grado de adquisición de las demás competencias. Marca una × donde corresponda.

	Competencia social y ciudadana: empleo la lengua con propiedad en las diferentes situaciones de la vida diaria asumiendo deberes, ejerciendo derechos, tomando decisiones, identificando valores, ejerciendo la crítica o resolviendo conflictos de forma constructiva (actividades 6, 7, 8).
	Aprender a aprender: defino correctamente los términos de un problema, manejo correctamente la información de que dispongo y busco los elementos y recursos precisos para resolverlo, depurando los errores y sistematizando el proceso de cara al futuro (actividades 1, 2, 3, 4, 5).
	Autonomía e iniciativa personal: afronto las tareas con una actitud positiva y demuestro tener un criterio propio a la hora de actuar (actividades 9, 10).

PRUEBA DE LECTURA 2 | Conflictos del siglo XXI

Javier del Valle es un joven preocupado por la justicia, la solidaridad y la paz. Hace poco cayó en sus manos el texto de la *Declaración Universal de los Derechos Humanos*. Después de leerlo, se planteó una pregunta: lo que resultaba tan claro a mediados del siglo XX, después de dos Guerras Mundiales, ¿es por fin una realidad a comienzos del siglo XXI? ¿Hemos aprendido a respetar la libertad, la dignidad, la conciencia del otro?

Buscando una respuesta ha investigado acerca de los conflictos armados abiertos en el mundo actual: quiénes los protagonizan, qué intereses los mueven, qué consecuencias tienen, en qué zonas se concentran.

AFGANISTÁN. En 1979 se inició una guerra civil entre las Fuerzas Armadas (con apoyo soviético) y guerrillas islamistas (muyahidines). La retirada de los soviéticos en 1989 y el ascenso de los muyahidines al poder en 1992 impulsaron el movimiento talibán, que a finales de los noventa controlaba la práctica totalidad del territorio afgano. En noviembre de 2001, tras los atentados del 11-S, EEUU invade el país y derrota al régimen talibán, aunque los combates con la guerrilla continúan hasta hoy.

ARGELIA. La ilegalización del Frente Islámico de Salvación (FIS) en 1992 tras su triunfo electoral ante el Frente de Liberación Nacional, originó un conflicto impulsado por al-Qaeda en el Magreb Islámico (AQMI), una organización internacional que actúa también en **Malí**, **Mauritania** y **Níger**.

CHAD. Un golpe de Estado en 2004 y el boicot a la reforma de la Constitución son el germen de una insurgencia que trata de derrocar al Gobierno. A esto se añade la rivalidad entre tribus árabes y poblaciones negras en la zona fronteriza entre Sudán y Chad.

COLOMBIA. En 1964, los partidos Liberal y Conservador sellaron un pacto que excluía otras opciones políticas, nacen así movimientos armados, como el Ejército de Liberación Nacional (ELN) y las Fuerzas Armadas Revolucionarias Colombianas (FARC), que tratan de ocupar el poder por la fuerza, instigados en ocasiones por sectores de las Fuerzas Armadas, terratenientes, narcotraficantes o políticos.

COSTA DE MARFIL. En 2010, el presidente Gbagbo perdió las elecciones, pero se negó a dejar el poder.

ETIOPÍA. Desde 1973 la región de Ogadén lucha por un mayor grado de autonomía.

FEDERACIÓN RUSA. Desde 1991 existen conflictos en cuatro repúblicas rusas: Chechenia, Daguestán, Ingushetia y Kabardino-Balkaria que piden autonomía o la creación de estados islámicos independientes.

FILIPINAS. El país mantiene tres frentes abiertos: la lucha contra el NPA, brazo armado del Partido Comunista de Filipinas, que lucha desde 1969 para acceder al poder; el conflicto con el MNLF que exige desde finales de los sesenta la autodeterminación de un área de Mindanao de mayoría musulmana; el enfrentamiento con el grupo Abu Sayyaf, que desde principios de los años noventa quiere establecer un Estado islámico independiente en el archipiélago de Sulu.

INDIA. Se enfrenta a tres conflictos: la actividad de grupos armados separatistas, como el ULFA que lucha desde 1979 por la independencia de Assam; la disputa que mantiene con Pakistán desde 1947 por la región de Cachemira; la lucha contra el grupo maoísta CPI-M desde finales de los años sesenta.

IRAQ. La invasión de Iraq por parte de la coalición internacional liderada por EEUU en marzo de 2003 marcó la caída del régimen de Sadam Hussein y propició el inicio de un conflicto armado muy complejo en el que participan insurgentes así como grupos shiíes y sunníes que tratan de hacerse con el poder.

IRÁN. Desde 1946 grupos de origen kurdo luchan por la autonomía de las regiones del noroeste del país.

ISRAEL–AUTORIDAD NACIONAL PALESTINA. El conflicto palestino-israelí comienza en 1947 cuando la ONU divide el territorio de Palestina bajo mandato británico en dos Estados y poco después se proclama el Estado de Israel (1948), sin poderse materializar desde entonces un Estado palestino.

MYANMAR. Desde 1948, grupos armados insurgentes se enfrentan al Gobierno y piden la independencia.

NIGERIA. El país vive dos conflictos desde 1960: el del delta del Níger, por la explotación de su petróleo; y los enfrentamientos con la secta islamista Boko Haram que exige un Estado islámico.

PAKISTÁN. Desde 1947, Baluchistán, la provincia más rica, ha luchado por su autonomía. Por otra parte, tras la caída del régimen talibán en Afganistán a finales del año 2001, integrantes de las milicias talibán, vinculadas con al-Qaeda, se refugiaron en el noroeste del país, dando lugar a operaciones militares.

REPÚBLICA CENTROAFRICANA. Opositores se enfrentan al Gobierno surgido del golpe de Estado de 2002.

REPÚBLICA DEMOCRÁTICA DEL CONGO. En 1996, un golpe de Estado llevó al poder a Laurent Desiré Kabila. **Burundi**, **Ruanda** y **Uganda** intentaron derrocar a Kabila, que recibió el apoyo de **Angola**, **Chad**, **Namibia**, **Sudán** y **Zimbabue**, en una guerra que ha causado unos cinco millones de víctimas.

SIRIA. En 2011, la población siria pidió al presidente Basher al-Assad cambios políticos y económicos; su negativa desencadenó una severa crisis que desembocó en el inicio de un conflicto armado.

SOMALIA. En 1988, una coalición de grupos opositores se unió para derrocar al dictador Siad Barre. Esta situación dio paso a una nueva lucha dentro de esta coalición para ocupar el vacío de poder.

SUDÁN. Desde 2003, grupos insurgentes luchan por una mayor autonomía para la región de Darfur.

TAILANDIA. El conflicto en el sur de Tailandia se remonta a principios del siglo XX, cuando el entonces Reino de Siam y la potencia colonial británica en la península de Malasia decidieron partir el Sultanato de Patani, quedando algunos territorios bajo soberanía de la actual **Malasia** y otros bajo la tailandesa.

TURQUÍA. Desde 1984, el Partido de los Trabajadores del Kurdistán lucha por la independencia de esta región.

UGANDA. Desde 1986, el LRA lucha por instaurar en el país un régimen integrista.

YEMEN. Desde 2004 el país se ha enfrentado a la insurgencia de la minoría shií en el norte, un movimiento secesionista en el sur y una creciente actividad de al-Qaeda.

Con todos estos datos ha decidido elaborar un mapa que refleje las situaciones de violencia a las que gran parte de la población del planeta sigue enfrentándose cada día. ¿Te parece bien que le ayudemos en esta tarea y saquemos las conclusiones oportunas?

Groenlandia
Islandia
Alaska
Canadá
Reino Unido
Irlanda
Fra
7
Portugal
España
Estados Unidos de Norte América
Marruecos
Argeli
Bahamas
Hawái
México
Haití
Rep. Dominicana
Sáhara Occidental
Cuba
Puerto Rico
Jamaica
Belice
Saint Kitts Nevis
Mauritania
Malí
Antigua y Barbuda
Dominica
Guatemala
Honduras
Barbados
Santa Lucía
Senegal
El Salvador
1
2
Trinidad y Tobago
Gambia
Nicaragua
Guyana
Guinea-Bissau
Venezuela
Surinam
Guinea
Costa Rica
Sierra Leona
Guayana Francesa
Panamá
Colombia
Liberia
Costa de Marfil
Ecuador
Burkina Faso
Ghana
Perú
Brasil
Togo
Benín
Bolivia
Paraguay
Chile
Argentina
Uruguay
1. San Vicente y Granadinas
2. Granada
3. Países Bajos
4. Bélgica
5. Dinamarca
6. Luxemburgo
7. Andorra
8. República Checa
9. Eslovaquia
10. Austria
11. Suiza
12. Liechtenstein
13. Mónaco
14. Eslovenia
15. Hungría
16. Moldavia
17. Croacia
18. Serbia
19. Bosnia-Herzegovina
20. Montenegro
21. Kosovo
22. San Marino
23. Ciudad del Vaticano
24. Macedonia
25. Albania
26. Georgia
27. Azerbaiyán
28. Armenia
29. Líbano
30. Israel
31. Jordania
32. Qatar
33. Emiratos Árabes Unidos
34. Guinea Ecuatorial
35. Ruanda
36. Burundi

Noruega
Suecia
Finlandia
Rusia
Estonia
Letonia
Lituania
Bielorrusia
Polonia
Alemania
Ucrania
Rumanía
Bulgaria
Italia
Grecia
Turquía
Malta
Chipre
Siria
Iraq
Irán
Kazajistán
Uzbekistán
Kirguizistán
Turkmenistán
Tayikistán
Afganistán
Pakistán
Mongolia
China
Corea del Norte
Corea del Sur
Japón
Nepal
Bután
India
Bangladés
Myanmar
Laos
Tailandia
Vietnam
Camboya
Filipinas
Guam
Sri Lanka
Brunei
Malasia
Indonesia
Papúa Nueva Guinea
Salomón
Timor Oriental
Vanuatu
Fiji
Nueva Caledonia
Australia
Nueva Zelanda
Tanzania
Libia
Egipto
Kuwait
Arabia Saudí
Omán
Yemen
Eritrea
Yibuti
Chad
Sudán
Sudán del Sur
Etiopía
Rep. Centroafricana
Somalia
Uganda
Kenia
Congo
Rep. Democrática del Congo
Tanzania
Seychelles
Angola
Zambia
Comoras
Mozambique
Malawi
Mauricio
Zimbabue
Namibia
Botsuana
Madagascar
Suazilandia
Sudáfrica
Lesoto
Níger
Nigeria
Camerún
Gabón
Túnez

COMPRENSIÓN LECTORA

RECUPERACIÓN DE INFORMACIÓN

1 | Según el texto, ¿cuántos países están inmersos en un conflicto armado a comienzos del siglo XXI?

- [ ] a) Son en total 35 países.
- [ ] b) Son en total 24 países.
- [ ] c) Son en total 37 países.
- [ ] d) Son en total 41 países.

2 | Si somos estrictos, a la respuesta del ejercicio anterior le tendríamos que restar un país, que hasta la fecha no ha podido materializarse en un Estado, ¿de quién estamos hablando?

3 | En algunos conflictos participan varios países y algunos de ellos tienen abiertos varios frentes. Dejando a un lado la geografía, ¿cuántos conflictos están abiertos?

- [ ] a) Hay 37 conflictos abiertos.
- [ ] b) Hay 36 conflictos abiertos.
- [ ] c) Hay 35 conflictos abiertos.
- [ ] d) Hay 34 conflictos abiertos.

INTERPRETACIÓN DEL TEXTO

4 | Vamos a empezar a trabajar sobre el mapa. Sombrea con lápiz los países en los que se vive algún conflicto y luego responde a las preguntas.

a ¿En qué continentes se registran más conflictos?

b ¿En cuáles menos?

c Si estudias con atención el mapa, descubrirás que los conflictos no están dispersos. Se agrupan en zonas geográficas muy concretas. ¿En cuáles?

Para responder a esta pregunta conviene que identifiques correctamente las principales áreas geopolíticas del mundo actual. Relaciona los elementos de las dos columnas para tener una idea clara de los países que comprende cada una de ellas. Ayúdate del mapa.

África subsahariana ●	● Guatemala, Belice, Honduras, El Salvador, Nicaragua, Costa Rica y Panamá.
América del Norte ●	● Argentina, Chile y Uruguay.
Balcanes ●	● Suiza, Alemania, Liechtenstein, Austria, Hungría, Polonia, República Checa, Eslovenia y Eslovaquia.
Centroamérica ●	● Albania, Bosnia y Herzegovina, Bulgaria, Croacia, República de Macedonia, Montenegro, Rumanía y Serbia.
Centroeuropa ●	● India y su zona de influencia.
China y Asia-Pacífico ●	● Los países del continente africano a excepción de aquellos que limitan con el mar Mediterráneo.
Cuerno de África ●	● Turquía, Israel, Líbano, Siria, Jordania, Cisjordania, Gaza y Egipto.
Indochina-Malasia ●	● China, Japón, Corea del Sur, Taiwán.
Latinoamérica ●	● Camboya, Vietnam, Laos, Myanmar, Tailandia, Malasia y Filipinas.
Magreb ●	● Las 18 naciones hispanoamericanas, más Brasil y Haití.
Oriente Medio ●	● Noruega, Suecia y Dinamarca.
Oriente Próximo ●	● Irán, Iraq, Afganistán, Pakistán.
Países bálticos ●	● Marruecos, Argelia, Túnez, Libia, Sáhara Occidental y Mauritania.
Países de la Europa mediterránea ●	● Chechenia, Daguestán, Ingushetia y Karbadino-Balkaria.
Países del Cono Sur ●	● Alaska, Canadá, Estados Unidos y México.
Países escandinavos ●	● Península Ibérica, Itálica, Balcánica.
Repúblicas rusas del Cáucaso ●	● Estonia, Letonia y Lituania.
Sudeste asiático ●	● Somalia, Yibuti, Eritrea, Etiopía y Yemen.

Escribe ahora las zonas en las que se concentran los conflictos a nivel mundial.

5 | El siguiente mapa muestra el Índice de Desarrollo Humano a nivel global. Se trata de un indicador que utiliza la ONU para medir el nivel de desarrollo socioeconómico de los distintos países del mundo, tomando en consideración el nivel de salud, educación y renta. Los colores más oscuros se corresponden con un mayor nivel de desarrollo. La línea trasversal que divide en el mapa en Norte y Sur marcaría la frontera entre el mundo desarrollo y los países en desarrollo.

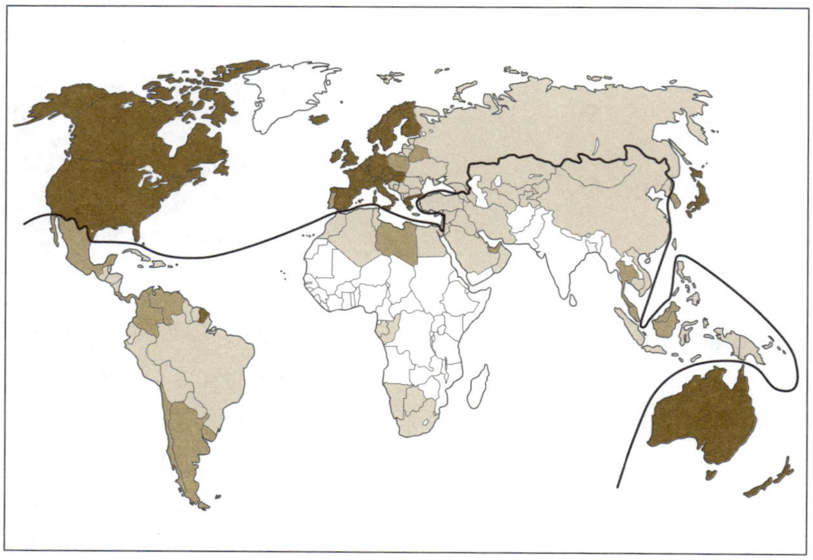

Compáralo con el mapa en el que has localizado los conflictos del siglo XXI. ¿Encuentras alguna similitud? ¿A qué conclusión llegas?

CARTOGRAFÍA

6 | Vamos a fijarnos un momento en las causas de los conflictos. En líneas generales se pueden distinguir:

A. CONFLICTOS REGIONALES	B. GUERRAS CIVILES y CONFLICTOS INTERNOS	C. VIOLENCIA POLÍTICA	D. ENFRENTAMIENTOS POR IDENTIDAD NACIONAL, ÉTNICA O RELIGIOSA
Conflicto en el que dos o más países se disputan un territorio o el acceso a recursos naturales.	Conflicto dentro de un mismo Estado entre dos o más grupos con potencial militar que se enfrentan por motivos ideológicos, por voluntad de llegar al poder.	Conflictos en los que diferentes grupos utilizan la violencia en la lucha social y política.	Conflictos protagonizados por grupos que luchan por su identidad reclamando un mayor grado de autonomía. En ocasiones, se mezcla con la violencia política.

Señala sobre el mapa qué tipo de conflicto (A, B, C, D) se da en cada país. Piensa que, en algunos casos, el conflicto puede tener varias naturalezas.

¿Cuál es el conflicto más frecuente a nivel mundial?

7 | Busca la cronología de cada conflicto y traspásala al mapa. Luego responde a estas dos preguntas.

a ¿En qué continente se centran los conflictos iniciados en los años cuarenta?

b ¿Qué continente acumula mayor número de conflictos a partir de los años setenta?

8 | ¿Has oído hablar alguna vez de la descolonización? Durante el siglo XIX, los países europeos se adueñaron de las zonas más ricas de África y Asia, y se aprovecharon de ellas para desarrollarse económicamente. La situación perduró hasta mediados del siglo XX, cuando las colonias asiáticas y luego las africanas consiguieron la independencia. Observa el siguiente cuadro.

INDEPENDENCIA DE COLONIAS ASIÁTICAS Y AFRICANAS					
Angola 1975	Costa de Marfil 1960	Malí 1960	Níger 1960	Rep. Centroafricana 1960	Somalia 1960
Argelia 1962	India 1947	Mauritania 1960	Nigeria 1960	Rep. Dem. Congo 1960	Sudán 1956
Burundi 1962	Iraq 1932	Myanmar 1948	Pakistán 1947	Ruanda 1962	Tailandia 1950
Chad 1960	Malasia 1950	Namibia 1990	Palestina 1947	Siria 1944	Zimbabue 1965

¿Encuentras alguna relación entre la cronología que has manejado en el ejercicio anterior y este cuadro?

REFLEXIÓN Y VALORACIÓN DE LA FORMA Y EL CONTENIDO

9 | Cada año, los países del mundo compran armas por valor de 150.000 millones de dólares. Según Naciones Unidas, acabar con el problema del hambre a nivel global costaría 44.000 millones de dólares anuales. Valora estos datos escribiendo una breve redacción al respecto.

CARTOGRAFÍA

10 | El mapa que has elaborado combina cartografía, sombreado, códigos para identificar los tipos de conflicto y fechas. ¿Mejoraría la forma de presentar la información si utilizásemos colores e iconos? ¿De qué forma? ¿Cómo lo harías?

CONOCIMIENTOS Y DESTREZAS DE LENGUA

11 | «Baluchistán, la provincia más rica, ha luchado por su autonomía». En este ejemplo, ¿a qué clase de palabras pertenecen «más»?

12 | El nombre «terratenientes» designa a las personas que poseen tierras. Teniendo en cuenta esta definición, analiza morfológicamente la palabra distinguiendo lexemas y morfemas. ¿Hay alguna variación lexemática? Explícala.

13 | ¿Cuáles son los gentilicios de estos países?

a Argelia:
b Etiopía:
c Iraq:
d Nigeria:
e Tailandia:

14 | Según la normativa académica actual, ¿debo escribir «mar Mediterráneo» o «Mar Mediterráneo»? Busca en el texto algún ejemplo semejante.

15 | En la oración «En 1979 se inició una guerra entre las Fuerzas Armadas y guerrillas islamistas», ¿cuál es el sujeto? ¿Se trata de una oración impersonal?

Escucha el dictado 2 y reprodúcelo en la página 76 del cuaderno.

AUTOEVALUACIÓN: mis resultados

COMPETENCIA EN COMUNICACIÓN LINGÜÍSTICA: COMPRENSIÓN LECTORA

Consulta el solucionario y completa la tabla. El profesor puede ayudarte a evaluar las preguntas 9 y 10.

	ACTIVIDAD													
	1	2	3	4	5	6	7	8	9	10	TOTAL			
PUNTUACIÓN														A0
1. Recuperación de información												· 3,33 =		A1
2. Interpretación del texto												· 2 =		A2
3. Reflexión y valoración de la forma y el contenido												· 5 =		A3

COMPETENCIA EN COMUNICACIÓN LINGÜÍSTICA: CONOCIMIENTOS Y DESTREZAS DE LENGUA

Consulta el solucionario y completa la tabla.

	ACTIVIDAD								
	11	12	13	14	15	TOTAL			
PUNTUACIÓN									B0
1. Clases de palabras							· 10 =		B1
2. Estructura de la palabra							· 10 =		B2
3. Relaciones de significado y riqueza léxica							· 10 =		B3
4. Corrección ortográfica							· 10 =		B4
5. Funciones sintácticas							· 10 =		B5

LAS DEMÁS COMPETENCIAS

Con la ayuda del profesor, evalúa el grado de adquisición de las demás competencias. Marca una × donde corresponda.

	Competencia social y ciudadana: empleo la lengua con propiedad en las diferentes situaciones de la vida diaria asumiendo deberes, ejerciendo derechos, tomando decisiones, identificando valores, ejerciendo la crítica o resolviendo conflictos de forma constructiva (actividad 9).
	Aprender a aprender: defino correctamente los términos de un problema, manejo correctamente la información de que dispongo y busco los elementos y recursos precisos para resolverlo, depurando los errores y sistematizando el proceso de cara al futuro (actividades 1-8).
	Autonomía e iniciativa personal: afronto las tareas con una actitud positiva y demuestro tener un criterio propio a la hora de actuar (actividad 10).

PRUEBA DE LECTURA 3 | Corre la voz

A Javier del Valle le encantan los *microblogs*, uno de los servicios más populares de la *Web 2.0*. Este sistema permite a los usuarios publicar mensajes breves, que además son enviados de forma inmediata a las personas que en algún momento han solicitado recibirlos. La plataforma favorita de Javier se llama «Corre la voz» y el perfil que visita con más frecuencia se llama «Solidarios». Esta es su página.

Corre la voz

Te están escuchando

Te prestan oído

Lo que más se oye

Listas

Presta oídos a...
Solidarios

Nombre completo

Correo electrónico

Contraseña

Lo que más se oye

1 # Sorprende en Navidad

2 # Tarjetas originales

3 # Fiesta de nochevieja

4 # Menús navideños

5 # Decora tu hogar

6 # Perfumes y más

7 # Ocio con niños

8 # El gordo toca aquí

9 # Deporte en la nieve

10# Dietas a tu medida

SO LI DA RIOS

Voces	Te están escuchando	Te prestan oído
115	3	343

Solidarios@Solidarios **17:32 h**
Cada año 536.000 mujeres mueren por complicaciones del embarazo o el parto. El 99% de estas muertes ocurren en países en desarrollo.

Solidarios@Solidarios **15 Dic.**
Solo la mitad de la población de los países en desarrollo tiene acceso a servicios sanitarios básicos.

javierdelvalle@teescucho **15 Dic.**
Todos podemos aportar tiempo y creatividad para mejorar el mundo.

marta.cano@cooperacion **15 Dic.**
Cena del hambre. Apoya esta iniciativa en las redes sociales. **Abrir**

Solidarios@Solidarios **14 Dic.**
El 10% de la población mundial disfruta del 70% de la riqueza.

alfonso.ruiz@alfonso.ruiz **14 Dic.**
Cuando naces, eres rosa; cuando creces, blanco; cuando tomas el sol, rojo; cuanto tienes frío, azul… ¿Y dices que yo soy «de color»?

Solidarios@Solidarios **14 Dic.**
Todavía hay 900 millones de personas en el mundo sin acceso a agua potable.

Viajes@Economicos **13 Dic.**
Vuelos económicos a África, Asia y a todos los países de Latinoamérica. Elige ya tu destino en www.viajes.economicos.com

an@liza **13 Dic.**
Si quieres ser feliz como dices, no analices, muchacho, no analices…

COMPRENSIÓN LECTORA

RECUPERACIÓN DE INFORMACIÓN

1 | En primer lugar vamos a echar un vistazo a las estadísticas de «Solidarios»…

a ¿Cuántas personas suelen seguir la página?
b ¿Cuántas la están siguiendo en este momento?
c ¿Cuántos mensajes se han publicado hasta la fecha?

2 | ¿Qué datos habría que proporcionar para suscribirse a «Solidarios»?

3 | ¿Cuál es el lema de «Solidarios»? ¿Qué imagen les identifica?

INTERPRETACIÓN DEL TEXTO

4 | Vamos a centrarnos en el contenido de los mensajes publicados. ¿A qué categorías pertenecen los que muestra la página? Completa el cuadro según corresponda.

CATEGORÍAS	MENSAJES
NOTICIAS	
COMENTARIOS Y CONVERSACIONES	
PROMOCIÓN DE INICIATIVAS	
CURIOSIDADES Y HUMOR	
CHARLA INSUSTANCIAL	
PUBLICIDAD Y *SPAM*	

Parece que el administrador de «Solidarios» se centra en un único tipo de mensajes. ¿De cuál se trata? ¿Cuál suele ser su tema?

5 | Fijémonos ahora en el número de mensajes.

a ¿Cuántos mensajes se publican de media al día?

b Atendiendo a esta cifra, ¿cuánto tiempo lleva abierto «Solidarios»? ¿Qué día se habría inaugurado?

c ¿Hay algún indicio que te permita deducir si los usuarios suelen conectarse por la mañana o por la tarde?

6 | El objetivo de un *microblog* como el que mantiene «Solidarios» es ganar influencia en la red para difundir eficazmente su mensaje. A juzgar por el número de usuarios que les siguen no parece que hasta el momento hayan tenido demasiado éxito. Fíjate en los temas que triunfan en «Lo que más se oye». ¿Con qué tienen que ver? ¿Por qué?

MICROBLOG

Los diez temas podrían concentrarse en tres grandes bloques de contenido: ideas para celebrar las fiestas, ocio y tiempo libre, tópicos recurrentes en estas fechas. Justifica esta clasificación.

7 | Vamos a echarles una mano a los chicos de «Solidarios». Nuestro objetivo es crear conciencia de que ciertos problemas globales (los conflictos internacionales, la pobreza, la desigualdad, la ecología) nos incumben a todos. Para comunicar nuestro mensaje deberíamos trazar una estrategia.

1 ¿Te has fijado en los contenidos que triunfan en «Corre la voz»? Vamos a procurar que nuestros mensajes aprovechen esa tendencia. ¿Cuál de las siguientes entradas crees que tendría más éxito?	
	a) Eduquemos a nuestros hijos en la solidaridad.
	b) Practica deporte y practica la solidaridad.
	c) Haz de estas Navidades unas Navidades solidarias.

2 Los mensajes que se publican en «Solidarios» suelen ser bastante fríos. Si queremos ganar influencia en la red, debemos empezar por acercarnos a quienes nos leen, buscar su complicidad, fomentar una conciencia de grupo. ¿Cuál de las siguientes redacciones te parece más adecuada?	
	a) El 70% de los residuos no se reciclan.
	b) ¿Sabías que solo se reciclan un 30% de los residuos que producimos? Muchos trabajamos por el planeta, pero no la mayoría. Únete a nosotros.
	c) Presta atención a este dato: el 70% de los residuos que producimos no se reciclan. ¿Vas a hacer algo?

3 Si buscamos el compromiso y la respuesta de nuestros lectores, deberíamos implicarnos de forma personal en lo que decimos. ¿Cuál consideras que sería el mensaje más acertado?	
	a) El 75% de las personas pobres son campesinos sin educación y, por lo tanto, sin posibilidades de promoción social.
	b) Me parece preocupante que el 75% de las personas pobres sean campesinos si educación.
	c) Mis padres fueron campesinos sin educación… exactamente igual que el 75% de las personas pobres de este planeta. Por fortuna, yo pude estudiar. ¿Y sus hijos? ¿Tendrán esa suerte?

4 Debemos suponer que nuestro público será especialmente sensible a temas como la justicia o la igualdad. No sería mala idea que publicásemos mensajes con los que pudieran identificarse. ¿Cuál de estos tres escogerías?	
	a) Las mujeres ganan de media un 17% menos que los hombres.
	b) ¿Sabías que las mujeres ganan de media un 17% menos que los hombres?
	c) ¿Has vuelto a cobrar menos que tu compañero de trabajo? Las mujeres ganamos de media un 17% menos que los hombres.

5 Los contenidos que elaboremos deberían ser relevantes y, a ser posible, prácticos. Elige el mensaje que mejor se adapte a estos requerimientos.	
	a) ¿Sabes cuántos niños se quedaron sin juguetes las Navidades pasadas? Este año no será así: www.reyesparatodos.org.
	b) Ningún niño debería quedarse sin juguetes estas Navidades.
	c) Hagamos algo para que todos los niños del mundo tengan un juguete esta Navidad.

6 Deberíamos ofrecer ideas nuevas, frescas, provocativas, que obliguen a nuestros lectores a adoptar un punto de vista diferente. Señala un ejemplo.	
	a) En la Península Ibérica sobreviven menos de noventa osos pardos.
	b) Somos casi cuarenta millones de seres humanos. No digo que sobre nadie. Somos menos de noventa osos pardos. Digo que faltan muchos.
	c) En nuestros bosques quedan menos de noventa osos pardos. ¡¡Liberemos a todos los que viven cautivos en los zoológicos!!

7 Es importante que valoremos las aportaciones que hacen otros usuarios (siempre que sean interesantes y responsables), que fomentemos conversaciones, que hagamos preguntas y abramos debates. ¿Cuál de los siguientes mensajes iría en esa línea?	
	a) Fantástica afirmación de vida: la nuestra de seres humanos y la de los osos pardos amenazados. ¿No os parece?
	b) ¿Puedes explicar lo que has dicho sobre los osos? Te expresas de forma muy confusa.
	c) Fantástica idea: ¿cómo piensas abrir las jaulas del zoo?

8 | Cuando a una persona le gusta mucho un mensaje puede reenviarlo. Uno de los usuarios lo pide expresamente. ¿De quién se trata?

a Su mensaje incorpora un elemento que no hemos visto en ningún otro. ¿De cuál hablamos? ¿Cuál es su función?

MICROBLOG

b Como sabrás, los *microblogs* solo admiten mensajes breves (de entre 140 y 160 caracteres). Este condicionante ¿tiene algo que ver con el recurso al que nos hemos referido en la pregunta anterior?

REFLEXIÓN Y VALORACIÓN DE LA FORMA Y EL CONTENIDO

9 | ¿Has oído hablar de la *brecha digital*? Es una expresión que se ha empezado a usar en los últimos años para referirse a las desigualdades sociales que surgen a medida que se desarrolla el uso de las nuevas tecnologías y de Internet. ¿Crees que carecer de un ordenador, de conexión a la red o de los conocimientos básicos para manejarse en ella puede afectar a la integración de las personas en la moderna sociedad de la información?

10 | Redacta el mensaje perfecto. Elige un tema, ajústate a un máximo de 160 caracteres y sigue las recomendaciones formales que hemos comentado en el ejercicio 7 para captar la atención de tus potenciales lectores.

MICROBLOG

CONOCIMIENTOS Y DESTREZAS DE LENGUA

11 | En el sintagma «Perfumes y más», la palabra «más» es un…

- ☐ a) Adjetivo calificativo.
- ☐ b) Adjetivo determinativo.
- ☐ c) Pronombre.
- ☐ d) Adverbio de cantidad.

12 | El adjetivo «latinoamericano», derivado del sustantivo «Latinoamérica», ¿es una palabra simple, compuesta, derivada o parasintética? Justifica tu respuesta.

13 | ¿Conocías la expresión «prestar oído»? Es una combinación que se utiliza de forma habitual con el sentido de 'atender' o 'escuchar'. Con el uso, el vínculo entre el verbo y el sustantivo se ha hecho tan fuerte que a día de hoy ambos constituyen una unidad semántica. ¿Serías capaz de identificar otras estructuras semejantes? ¿Cómo relacionarías los elementos de estas series?

SERIE 1	abrigar – abrirse – desatar – ganar – insuflar – limar – marcar – oponer – pasar rezumar – sentar – soltar
SERIE 2	adrenalina – asperezas – cátedra – diferencias – esperanza – indignación – mercado página – resistencia – ternura – terreno – vitalidad

MICROBLOG

14 | Vamos a examinar la acentuación de las palabras compuestas. Si vuelves sobre el sustantivo «Latinoamérica» del ejercicio 12, observarás que sus formantes conservan la tilde si de por sí la llevaban. Pero ¿ocurre siempre así? Acentúa las palabras que lo requieran.

a lavaplatos
b historico-filosofico
c sientate
d deme
e sanamente
f vaiven
g pintauñas
h agilmente
i videojuego
j decimosexto
k donjuan
l ganapan

15 | ¿Cuál es el sujeto de la oración «Todavía hay 900 millones de personas en el mundo sin acceso a agua potable»?

Escucha el dictado 3 y reprodúcelo en la página 77 del cuaderno.

AUTOEVALUACIÓN: mis resultados

COMPETENCIA EN COMUNICACIÓN LINGÜÍSTICA: COMPRENSIÓN LECTORA

Consulta el solucionario y completa la tabla. El profesor puede ayudarte a evaluar las preguntas 9 y 10.

	ACTIVIDAD													
	1	2	3	4	5	6	7	8	9	10	TOTAL			
PUNTUACIÓN														**A0**
1. Recuperación de información												· 3,33 =		**A1**
2. Interpretación del texto												· 2 =		**A2**
3. Reflexión y valoración de la forma y el contenido												· 5 =		**A3**

COMPETENCIA EN COMUNICACIÓN LINGÜÍSTICA: CONOCIMIENTOS Y DESTREZAS DE LENGUA

Consulta el solucionario y completa la tabla.

	ACTIVIDAD								
	11	12	13	14	15	TOTAL			
PUNTUACIÓN									**B0**
1. Clases de palabras							· 10 =		**B1**
2. Estructura de la palabra							· 10 =		**B2**
3. Relaciones de significado y riqueza léxica							· 10 =		**B3**
4. Corrección ortográfica							· 10 =		**B4**
5. Funciones sintácticas							· 10 =		**B5**

LAS DEMÁS COMPETENCIAS

Con la ayuda del profesor, evalúa el grado de adquisición de las demás competencias. Marca una × donde corresponda.

	Competencia matemática: conozco y manejo correctamente objetos matemáticos básicos y utilizo procesos lógicos para resolver problemas cotidianos (actividad 5).
	Tratamiento de la información y competencia digital: conozco el lenguaje específico de las tecnologías de la información y comunicación (textos, convenciones, entornos gráficos) y lo aplico correctamente en la realización de tareas concretas (actividades 1-6, 8-10).
	Aprender a aprender: defino correctamente los términos de un problema, manejo correctamente la información de que dispongo y busco los elementos y recursos precisos para resolverlo, depurando los errores y sistematizando el proceso de cara al futuro (actividades 6-7).

PRUEBA DE LECTURA 4 | La cena del hambre

La última vez que visitó la página de «Solidarios» en «Corre la voz», a Javier le llamó la atención el mensaje que había dejado Marta Cano: «Cena del hambre. Apoya esta iniciativa en las redes sociales». Quiso saber más y contactó con ella para saber de qué se trataba. Así se enteró de que, según el Banco Mundial, existen casi 1.200 millones de personas que deben cubrir todas sus necesidades con un dólar al día. ¿Es posible vivir en estas condiciones?

Para responder a esta pregunta y para concienciar a la gente de esta realidad, Marta ha organizado una «Cena del hambre». Cada uno de los participantes llevará a la cena una tortilla, un pan y una bebida de medio litro. Antes de comenzar se realizará un sorteo para asignar a cada comensal la renta diaria de un determinado país. La comida y la bebida que consumirá esa noche será la que corresponda a su nivel de riqueza. Observa con atención la siguiente tabla.

RENTA DIARIA POR PERSONA (DÓLARES)			
Afganistán	2	India	5
Alemania	121	Iraq	10
Argelia	13	Israel	86
Argentina	30	Italia	99
Australia	167	Japón	126
Austria	136	Kenia	2
Bangladés	2	Kuwait	172
Bélgica	128	Malí	2
Bolivia	7	Nicaragua	5
Brasil	35	Níger	1
Camboya	2	Nigeria	4
Canadá	138	Pakistán	3
Chad	2	Paraguay	10
Chile	39	Perú	16
Colombia	19	Portugal	61
Costa de Marfil	3	Reino Unido	107
Dinamarca	164	República Centroafricana	1
Egipto	7	República Democrática del Congo	1
Emiratos Árabes Unidos	125	Ruanda	2
España	88	Sudán	4
Estados Unidos	132	Suecia	156
Etiopía	1	Suiza	228
Filipinas	6	Tailandia	13
Finlandia	134	Turquía	28
Francia	116	Uganda	1
Guatemala	9	Venezuela	29
Guinea	2	Vietnam	4
Haití	2	Yemen	4
Honduras	6	Zimbabue	2

COMPRENSIÓN LECTORA

RECUPERACIÓN DE INFORMACIÓN

1 | Vamos a fijarnos en la renta diaria por persona de algunos países. Solo hay uno en el que se superan los 200 $. ¿De quién se trata?

☐ a) Suecia. ☐ b) Suiza. ☐ c) Austria. ☐ d) Australia.

En cambio hay cinco países cuya renta diaria por persona es de 1 $. ¿Cuáles son?

- [ ] a) República Centroafricana, República Democrática del Congo, Etiopía, Guinea, Níger y Uganda.
- [ ] b) Etiopía, Guinea, Nigeria, República Centroafricana, República Democrática del Congo y Uganda.
- [ ] c) Etiopía, Níger, República Centroafricana, República Democrática del Congo y Uganda.
- [ ] d) Etiopía, Guatemala, Nicaragua, República Centroafricana, República Democrática del Congo y Uganda.

2 | El número de participantes en la cena será igual al número de países contemplados en la tabla. ¿Cuántos comensales esperamos?

3 | Lo primero que hay que hacer es realizar el sorteo para conocer quién representará a cada país. A Javier le corresponde Brasil y a Marta le toca Paraguay. ¿Cuánto dinero reciben cada uno de ellos?

INTERPRETACIÓN DEL TEXTO

4 | ¡Vamos a cenar! Por lo menos algunos… Cada participante ha entregado a su llegada la comida que traía para la cena. Ahora, todos se dirigen al mostrador para conseguir su correspondiente plato, siempre en función del dinero del que disponen. Comienzan las sorpresas: ¡cada cesta de tortilla, pan y bebida cuesta 45 $! Quien no tenga esa cantidad deberá esperar un segundo turno.

a ¿Quiénes pueden comer ahora?

b ¿A qué continente pertenece la mayoría de estos privilegiados?

c Como es natural, cada quien puede comprar tanta comida como le permita su renta diaria. Indica cuántas cestas de comida le corresponden y cuánto dinero les sobra a los siguientes comensales:

1 Australia podrá adquirir ___ cestas de comida y le sobrarán _____ $

2 España podrá adquirir ___ cestas de comida y le sobrarán _____ $

3 Japón podrá adquirir ___ cestas de comida y le sobrarán _____ $

4 Suiza podrá adquirir ___ cestas de comida y le sobrarán _____ $

TABLA ESTADÍSTICA

5 | Los países ricos ya están cenando. Es el momento del segundo turno. Mientras esperaban, algunos han ido cerrado pactos para poder pagar el precio de la cesta. Es el caso de Javier y Marta: juntando su dinero consiguen exactamente 45 $ y se llevan su cena. Ahora bien, las reglas impiden que la dividan a partes iguales: cada uno tendrá que consumir la ración que le corresponde en función de su renta diaria. Observa estos gráficos y decide cuál refleja la distribución que deberán hacer.

1

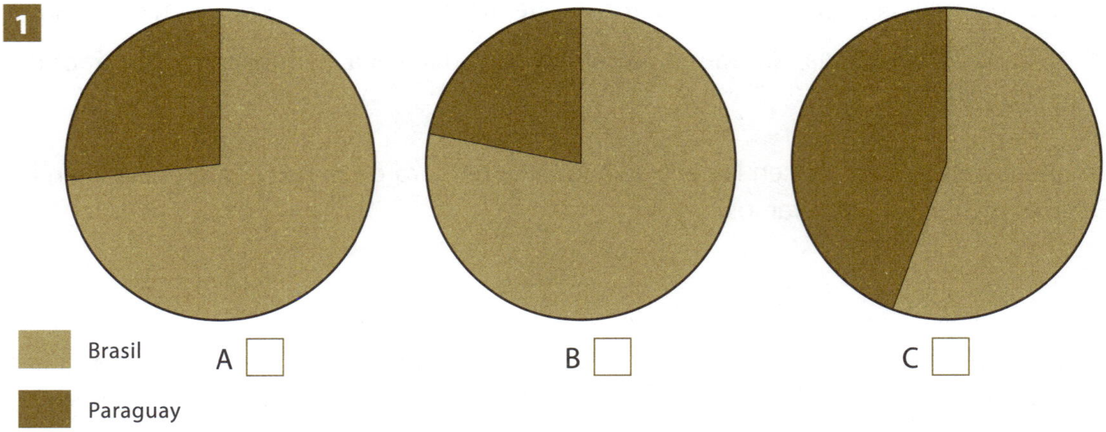

Haz lo mismo con los siguientes países.

2

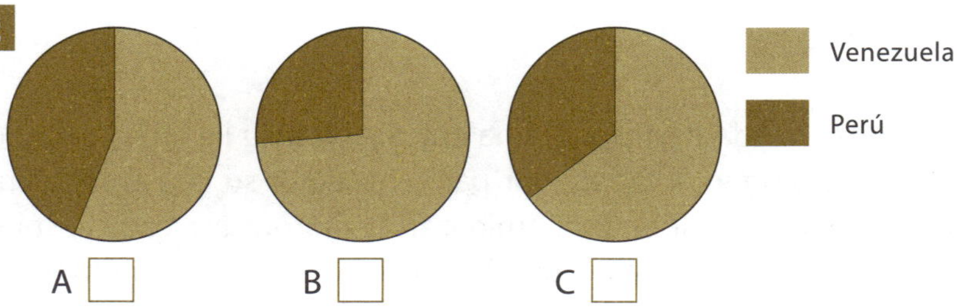

3

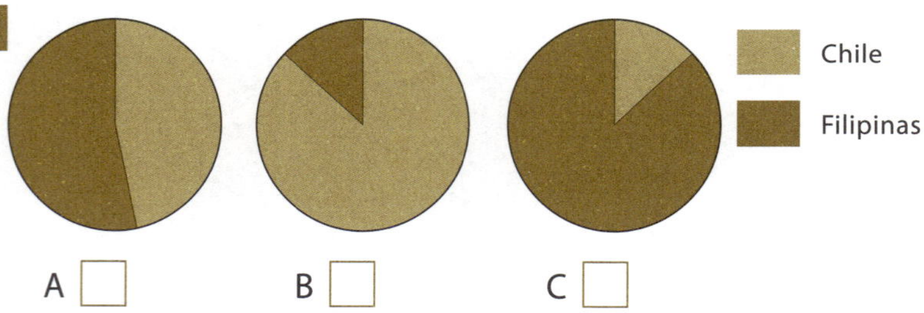

4

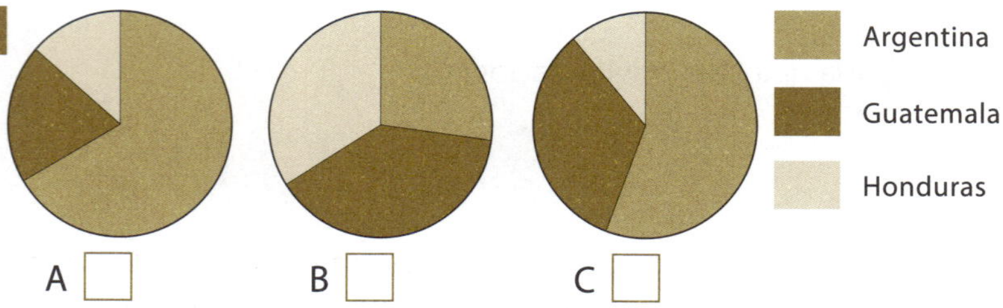

5

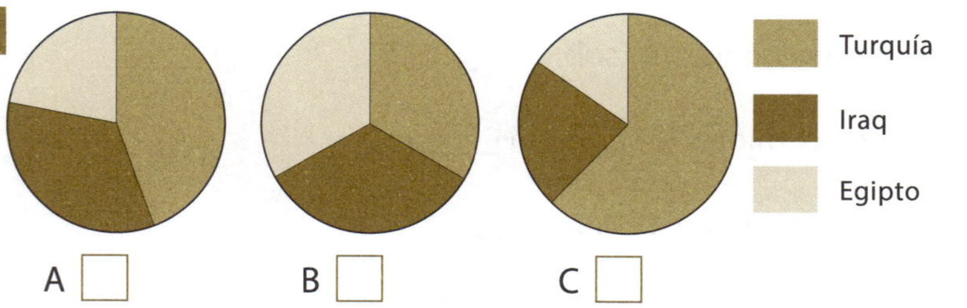

6

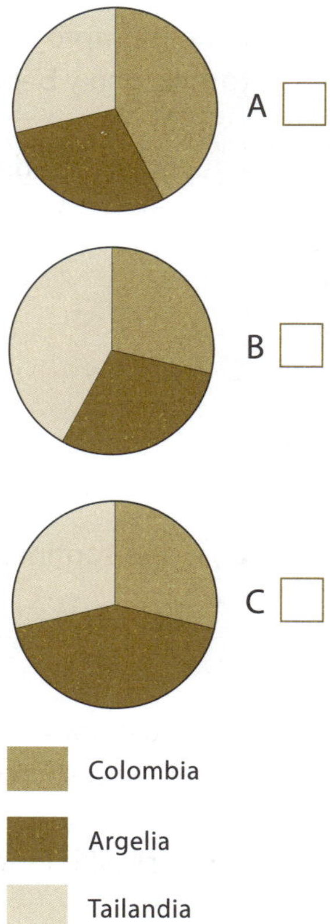

6 | La cena empezó hace media hora y los más pobres todavía no han probado bocado. Ya va siendo hora de que coman. La organización les informa: tienen una cesta y media para todos. Para que la distribución sea proporcional se aplicará la siguiente equivalencia.

1 \$ = 10 g de tortilla + 10 ml de bebida + 3 g de pan

Completa la siguiente tabla con la lista de los países que tendrán que acogerse a este sistema; a continuación, relaciona cada grupo con la imagen de la que será su cena, según el modelo.

RENTA DIARIA POR PERSONA (DÓLARES)	PAÍSES
7	
6	
5	
4	
3	
2	
1	

MENÚ

A

B

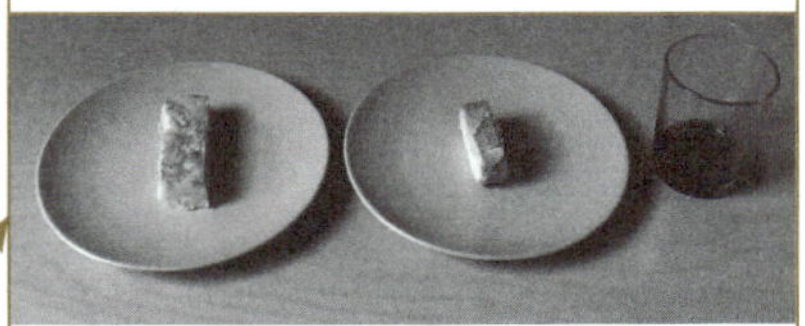
C

D

E

F

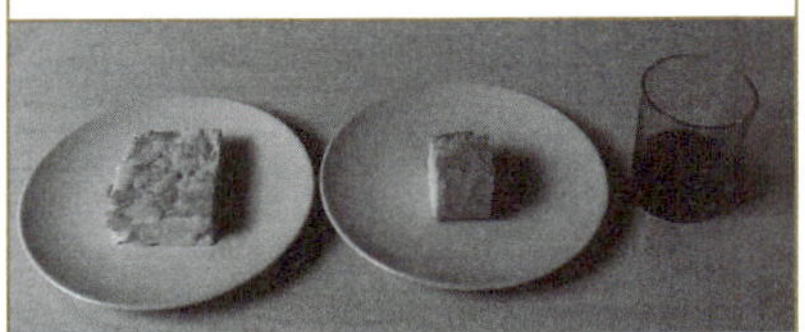
G

7 | Ahora todos tienen su comida; pero ocurre algo curioso: han sobrado seis cestas y media. ¿Cómo puede ser?

a Por otra parte, los países más ricos son incapaces de consumir toda la comida que han comprado. Es natural: cada cesta aporta muchas más calorías de las que necesitaría una persona. Observa la tabla.

PRODUCTO	VALOR ENERGÉTICO POR CADA 100 G O 100 ML
Tortilla	200 kcal
Pan	250 kcal
Refresco	52 kcal

La cesta incluye una tortilla de 500 g, una barra de pan de 125 g y un refresco de 500 ml. Teniendo en cuenta que en una cena normal se pueden ingerir unas 500 kcal. ¿Cuántas personas podrían cenar con cada cesta?

b Al verse con tanta cena, los más ricos han abusado de la comida y han consumido la mitad de la tortilla, dos tercios de la barra de pan y un refresco entero. ¿Cuántas calorías han ingerido?

c Compáralas con las que ha tomado el representante de Etiopía.

d Al recoger las sobras nos encontramos con una enorme sorpresa: reunimos 34 tortillas, 31 panes y 25 refrescos. Súmalas a los lotes que no habían llegado a distribuirse. ¿Cuánta comida tenemos? ¿Sería suficiente para atender a todos aquellos que no han recibido lo necesario por su renta diaria?

8 | Al final de la noche toda esta comida se redistribuye. Todos comen hasta saciarse y aún sobra tortilla y pan… aunque no refrescos. La cena del hambre acaba convirtiéndose en la cena de la sed, un hecho que, por otra parte, refleja fielmente la realidad: en los últimos años el acceso al agua se ha convertido un enorme problema en muchos países del mundo. Observa la tabla en la que se muestra el consumo de agua en distintas zonas geográficas. ¿Cuáles están por encima y cuáles por debajo de la media? ¿Encuentras alguna relación entre consumo de agua y desarrollo? Recuerda los datos que manejaste en la prueba 2.

	CONSUMO M^3 POR HABITANTE Y AÑO
ÁFRICA	250
AMÉRICA DEL NORTE	1874
ASIA	529
EUROPA OCCIDENTAL	1290
LATINOAMÉRICA	485
MEDIA MUNDIAL	657

REFLEXIÓN Y VALORACIÓN DE LA FORMA Y EL CONTENIDO

9 | La cena del hambre no ha dejado indiferente a nadie. ¿Y a ti? ¿Cómo te hubieras sentido representando a un país rico? ¿Y a un país pobre? ¿Qué has aprendido de esta experiencia? Redacta brevemente tus impresiones.

10 | Los datos que has tenido que manejar figuran en una tabla que se ha confeccionado siguiendo el orden alfabético en función del nombre del país. ¿Ha sido práctica para realizar todos los ejercicios? ¿En cuáles convendría tabular los datos de otra forma? ¿De qué manera lo harías?

TABLA ESTADÍSTICA

CONOCIMIENTOS Y DESTREZAS DE LENGUA

11 | Indica la categoría gramatical a la que pertenecen las palabras «República Democrática del Congo».

12 | El adjetivo «diario» es una palabra derivada que indica la frecuencia con la que se produce un acontecimiento, en este caso, cada día. Construye adjetivos semejantes derivados de «mes» y «año» para expresar los siguientes conceptos.

a cada mes		**e** cada seis meses	
b cada dos meses		**f** cada año	
c cada tres meses		**g** cada dos años	
d cada cuatro meses		**h** cada cinco años	

13 | ¿Cuáles son los gentilicios de estos países?

a Afganistán		**e** Haití	
b Dinamarca		**f** Nicaragua	
c Finlandia		**g** Reino Unido	
d Guatemala		**h** Rep. Dem. del Congo	

14 | En nuestra tabla de países encontramos «Iraq». ¿Es correcto escribir «Irak»? ¿Serían válidos como gentilicios «Iraquí» e «Irakí»?

15 | ¿Cuál es el sujeto de la oración «Con hambre hasta las tortas son buenas»?

- ☐ a) El sujeto es «hasta las tortas».
- ☐ b) «Hasta las tortas» es un sintagma preposicional y no puede funcionar como sujeto, de modo que la oración es impersonal.
- ☐ c) El sujeto es «con hambre».
- ☐ d) El sujeto es «buenas».
- ☐ e) El sujeto omitido es «ellas».

Escucha el dictado 4 y reprodúcelo en la página 77 del cuaderno.

AUTOEVALUACIÓN: mis resultados

COMPETENCIA EN COMUNICACIÓN LINGÜÍSTICA: COMPRENSIÓN LECTORA

Consulta el solucionario y completa la tabla. El profesor puede ayudarte a evaluar las preguntas 9 y 10.

	ACTIVIDAD										TOTAL			
	1	2	3	4	5	6	7	8	9	10				
PUNTUACIÓN														**A0**
1. Recuperación de información												· 3,33 =		**A1**
2. Interpretación del texto												· 2 =		**A2**
3. Reflexión y valoración de la forma y el contenido												· 5 =		**A3**

COMPETENCIA EN COMUNICACIÓN LINGÜÍSTICA: CONOCIMIENTOS Y DESTREZAS DE LENGUA

Consulta el solucionario y completa la tabla.

	ACTIVIDAD					TOTAL			
	11	12	13	14	15				
PUNTUACIÓN									**B0**
1. Clases de palabras							· 10 =		**B1**
2. Estructura de la palabra							· 10 =		**B2**
3. Relaciones de significado y riqueza léxica							· 10 =		**B3**
4. Corrección ortográfica							· 10 =		**B4**
5. Funciones sintácticas							· 10 =		**B5**

LAS DEMÁS COMPETENCIAS

Con la ayuda del profesor, evalúa el grado de adquisición de las demás competencias. Marca una × donde corresponda.

	Competencia matemática: conozco y manejo correctamente objetos matemáticos básicos y utilizo procesos lógicos para resolver problemas cotidianos (actividades 4, 5, 6, 7, 8).
	Competencia social y ciudadana: empleo la lengua con propiedad en las diferentes situaciones de la vida diaria asumiendo deberes, ejerciendo derechos, tomando decisiones, identificando valores, ejerciendo la crítica o resolviendo conflictos de forma constructiva (actividad 9).
	Autonomía e iniciativa personal: afronto las tareas con una actitud positiva y demuestro tener un criterio propio a la hora de actuar (actividad 10).

PRUEBA DE LECTURA 5 | El niño John, el niño Juan

La experiencia de la cena da pie a un debate en el que se profundiza en las condiciones de vida de los países en vías de desarrollo y en las enormes desigualdades que existen entre ellos y el mundo rico. ¿Qué futuro le cabe esperar a un niño nacido en una zona deprimida de África, Asia o América Latina? No cabe duda de que su nacimiento, su hogar, su escuela, su trabajo tendrán muy poco que ver con los de un niño occidental. Escuchando las opiniones de sus compañeros, Javier recuerda un poema de Juan Carlos Mestre que trata precisamente sobre esta cuestión y decide que es un buen momento para compartirlo con los demás.

El niño John no es el niño Juan

Los ojos del niño John y los ojos del niño Juan no ven las mismas cosas en el fondo del lago.
Bajo los párpados del niño John la sed es un caballito de mar que vale dos dólares.
Bajo los párpados del niño Juan aletean las mariposas negras del vendedor de sandías.
El niño John tiene un martillo de cristal, el niño Juan tiene una nuez transparente.
Las manos del niño John cuentan las semillas de las estrellas, los dedos del niño Juan juegan
[con la chapa de la luna nublada.
Los ojos del niño John y los ojos del niño Juan no miran a los mismos pájaros que tiemblan
[en la oscuridad.
El niño John trae a su madre el declive de la montaña.
El ruido del río, la perla de granizo le trae el niño Juan.

Cuando se hace de noche la sombra del niño John sueña que es la sombra del niño Juan
[cuando se ha hecho de día.

COMPRENSIÓN LECTORA

RECUPERACIÓN DE INFORMACIÓN

1 | Lee con atención el texto y responde a estas cuestiones.

a ¿Cuál es el título del poema?
b ¿Cuántos versos lo componen?
c ¿Aprecias algún tipo de rima? ¿Y de medida? ¿Con qué nombre conocemos este tipo de versos: versos sueltos o versos libres?

2 | Además del niño John y del niño Juan, en el poema aparecen otras personas. ¿Quiénes?

También se citan distintos animales, ¿cuáles?

3 | Desde el comienzo, el poema está marcado por los contrastes entre el niño John y el niño Juan. Indica a quién se atribuye cada una de estas acciones.

ACCIONES	JOHN / JUAN
a Sus manos cuentan las semillas de las estrellas.	
b Bajo sus párpados la sed es un caballito de mar que vale dos dólares.	
c Sus ojos no miran a los mismos pájaros que tiemblan en la oscuridad.	
d Trae a su madre el ruido del río, la perla de granizo.	
e Sus ojos no ven las mismas cosas en el fondo del lago.	
f Tiene una nuez transparente.	
g Sus dedos juegan con la chapa de la luna nublada.	
h Tiene un martillo de cristal.	
i Trae a su madre el declive de la montaña.	

INTERPRETACIÓN DEL TEXTO

4 | Vamos a fijarnos un poco mejor en estos contrastes. En muchos casos, dentro de la oposición se esconde una palabra, una idea, que tiende un vínculo entre los elementos que en un principio aparecen enfrentados. Analiza este fenómeno en los siguientes casos.

a «El niño John tiene un *martillo de cristal*, el niño Juan tiene una *nuez transparente*». La «nuez» y el «martillo» se oponen; pero, al mismo tiempo, comparten una cualidad. ¿Cuál sería?

b «Las *manos* del niño John cuentan *las semillas de las estrellas*, los *dedos* del niño Juan juegan con *la chapa de la luna nublada*». Las «estrellas» contrastan con la «luna»; las «manos» con los «dedos». ¿No crees, sin embargo, que cada pareja de términos forma parte de una misma realidad? ¿En qué sentido?

c «Cuando se hace de *noche* la sombra del niño John sueña que es la sombra del niño Juan cuando se ha hecho de *día*». La «noche» y el «día» se oponen; pero, al mismo tiempo, hay una acción que los une. ¿Cuál es y quién la realiza?

d «Los ojos del niño John y los ojos del niño Juan no *ven* las *mismas cosas* en el fondo del lago», «Los ojos del niño John y los ojos del niño Juan no *miran* a los *mismos pájaros* que tiemblan en la oscuridad». Fíjate en los verbos «mirar» y «ver». ¿Comparten un mismo sujeto? ¿Comparten el mismo complemento directo? ¿Qué adjetivo complementa a «cosas» y «pájaros»? En este caso, el contraste lo introduce un elemento circunstancial como es el adverbio, ¿de qué adverbio hablamos? ¿Qué ocurre si prescindimos de él?

e Después de analizar estos versos, ¿dirías que hay una diferencia tan grande entre el niño John y el niño Juan? En realidad, ¿dónde se localizan los contrastes: en los propios niños o en el mundo que los rodea?

5 | Estructuralmente, el poema se construye sobre paralelismos, que podrían clasificarse en cinco tipos. Identifica en qué versos se da cada uno de ellos.

	VERSO
Tipo A_1: Repetición de la misma estructura oracional en versos consecutivos.	
Tipo A_2: Repetición de la misma estructura oracional en versos no consecutivos.	
Tipo B: Repetición de la misma estructura oracional dentro del mismo verso.	
Tipo C_1: Repetición de la misma estructura oracional en versos consecutivos, pero ordenando sus miembros de manera inversa, de modo que el primero ocupe el lugar del segundo y viceversa.	
Tipo C_2: Repetición de la misma estructura oracional dentro del mismo verso, pero ordenando sus miembros de manera inversa, de modo que el primero ocupe el lugar del segundo y viceversa.	

a Atendiendo a este análisis, ¿cuál de los procedimientos marcaría el eje del poema, sus versos centrales?

b Este eje dividiría el texto en dos partes. ¿Qué tipo de paralelismo abriría cada una de ellas?

c ¿Qué tipo de paralelismo se da en la primera parte: A, B o C? ¿Y en la segunda? ¿Se podría hablar de simetría? ¿Qué secuencia seguiría? Puedes servirte de las letras que identifican cada tipo de paralelismo para señalarla.

TEXTO LITERARIO

6 | Piensa que la forma refuerza el contenido. Después de contestar a las preguntas planteadas en los ejercicios 5 y 6, ¿sigues considerando que el poema se basa en la oposición? ¿No se centraría más bien en el diálogo entre dos niños distintos e iguales a la vez? Para responder a esta pregunta vamos a examinar algunos de los símbolos y metáforas del poema.

a ¿Para qué querría comprar el niño John un «caballito de mar»?

b ¿Qué representan dos dólares para el niño Juan cuando contempla «las mariposas negras del vendedor de sandías»?

c ¿Qué semejanza puede establecerse entre las «semillas» y las «estrellas»? ¿Y entre una «chapa» y la «luna»?

d ¿Qué relación pueden tener las «semillas» y la «chapa» con la vida del niño Juan? ¿Y la «luna» y las «estrellas» con la del niño John?

7 | Es evidente que el poema denuncia las diferencias entre Norte y Sur, entre riqueza y pobreza, entre los países del primer mundo y los países en desarrollo. ¿Qué tienen que ver los nombres de los dos niños con el mensaje del texto?

8 | Vamos a profundizar en las diferencias y desigualdades que se dan entre el niño John y el niño Juan. Une los elementos del siguiente diagrama según convenga.

El niño John

El niño Juan

Nacimiento

Hogar

Aseo

Dieta

Padre

Madre

Escuela

Esperanza de vida

Si todo va bien, podría llegar a vivir 68 años.

Tres días después del parto, su madre vuelve a trabajar en su pequeño huerto, donde cultiva maíz y alubias.

Vive en un piso luminoso, con calefacción, suelo de madera y lleno de juguetes.

Su padre se ha tomado unos días libres para que la madre pueda descansar tras el parto.

Llega al mundo en una choza con suelo de cemento y techo de chapa. El alumbramiento lo atiende una partera.

El maíz es la base de su alimentación.

Toma un baño cada día, dispone de todo tipo de cremas y perfumes.

La educación es un lujo que la familia no se puede permitir.

REFLEXIÓN Y VALORACIÓN DE LA FORMA Y EL CONTENIDO

9 | El niño John y el niño Juan irán creciendo y se convertirán en adultos. ¿Cómo imaginas su futuro? ¿Persistirán las desigualdades? Redacta tus impresiones.

10 | Compara el poema de Juan Carlos Mestre con los fragmentos que has ordenado en el ejercicio 8. Juzga su estilo. ¿Cuál resulta más objetivo, más claro, más preciso? ¿Cuál es más rico en sugerencias?

CONOCIMIENTOS Y DESTREZAS DE LENGUA

11 | En la oración «Cuando se hace de noche la sombra del niño John sueña que es la sombra del niño Juan cuando se ha hecho de día», ¿qué categorías gramaticales no están representadas?

12 | Observa la función del sufijo «-ito» en la expresión «caballito de mar». ¿Actúa como diminutivo o como lexicalizador? Justifica tu respuesta comparando su uso con el que tiene en palabras como «cigarrillo» u «octavilla».

TEXTO LITERARIO

13 | Completa el texto con los siguientes adjetivos: *cerril*, *encomiable*, *lacónico*, *lícito*, *onírico* y *tácito*. Asegúrate de que concuerden con el nombre al que acompañan.

Todos coincidimos en que no es ____________ aprovecharse de la debilidad de otro para obtener un beneficio. A pesar de ello, los intereses de los poderosos suelen prevalecer por encima de la justicia con el ____________ consentimiento de la comunidad internacional. En este sentido, poemas como este me parecen ____________ . Con un estilo sobrio y expresiones ____________, el texto denuncia las actitudes inmovilistas y ____________, y apuesta por un futuro más humano que se vislumbra en la hermosa imagen ____________ del último verso.

14 | Junto al término «transparente», la RAE acepta también la forma simplificada «trasparente». Sin embargo, no siempre es así: hay muchas palabras que solo admiten el prefijo «trans-» y otras solo el prefijo «tras-». Escribe correctamente las siguientes.

a tra__tienda	**c** tra__nochar	**e** tra__plante	**g** tra__pié	**i** tra__papelar
b tra__oceánico	**d** tra__tocar	**f** tra__ferir	**h** tra__formar	**j** tra__torno

15 | Indica la función sintáctica de los grupos subrayados.

La perla de granizo le trae el niño Juan.

Escucha el dictado 5 y repróducelo en la página 78 del cuaderno.

AUTOEVALUACIÓN: mis resultados

COMPETENCIA EN COMUNICACIÓN LINGÜÍSTICA: COMPRENSIÓN LECTORA

Consulta el solucionario y completa la tabla. El profesor puede ayudarte a evaluar las preguntas 9 y 10.

	ACTIVIDAD												
	1	2	3	4	5	6	7	8	9	10	TOTAL		
PUNTUACIÓN													**A0**
1. Recuperación de información												· 3,33 =	**A1**
2. Interpretación del texto												· 2 =	**A2**
3. Reflexión y valoración de la forma y el contenido												· 5 =	**A3**

COMPETENCIA EN COMUNICACIÓN LINGÜÍSTICA: CONOCIMIENTOS Y DESTREZAS DE LENGUA

Consulta el solucionario y completa la tabla.

	ACTIVIDAD							
	11	12	13	14	15	TOTAL		
PUNTUACIÓN								**B0**
1. Clases de palabras							· 10 =	**B1**
2. Estructura de la palabra							· 10 =	**B2**
3. Relaciones de significado y riqueza léxica							· 10 =	**B3**
4. Corrección ortográfica							· 10 =	**B4**
5. Funciones sintácticas							· 10 =	**B5**

LAS DEMÁS COMPETENCIAS

Con la ayuda del profesor, evalúa el grado de adquisición de las demás competencias. Marca una × donde corresponda.

	Competencia social y ciudadana: empleo la lengua con propiedad en las diferentes situaciones de la vida diaria asumiendo deberes, ejerciendo derechos, tomando decisiones, identificando valores, ejerciendo la crítica o resolviendo conflictos de forma constructiva (actividades 8, 9).
	Competencia cultural y artística: conozco e interpreto adecuadamente fenómenos artísticos y culturales valorándolos como muestra de la capacidad creativa de una sociedad o una época (actividades 1, 4, 5, 6, 7).
	Autonomía e iniciativa personal: afronto las tareas con una actitud positiva y demuestro tener un criterio propio a la hora de actuar (actividad 10).

PRUEBA DE LECTURA 6 | Objetivos del milenio

En septiembre del año 2000 se celebró en la ciudad de Nueva York la llamada *Cumbre del Milenio*. En ella, los 189 estados miembros de las Naciones Unidas suscribieron la *Declaración del Milenio*: una serie de compromisos recogidos en una lista de ocho objetivos de desarrollo y acompañados por una serie de metas concretas que permiten evaluar de forma objetiva su grado de consecución.

Los *Objetivos de Desarrollo del Milenio* se centran en el ser humano y en sus derechos, y cuentan con un apoyo político sin precedentes, ya que obligan a todos, tanto a los países desarrollados como a los que se encuentran en vías de desarrollo, a trabajar por alcanzarlos. Vamos a analizar cada uno de ellos.

OBJETIVOS DE DESARROLLO DEL MILENIO

1 **Erradicar la pobreza extrema y el hambre**
- Meta 1: Reducir a la mitad, entre 1990 y 2015, el porcentaje de personas cuyos ingresos sean inferiores a un dólar por día.
- Meta 2: Reducir a la mitad, entre 1990 y 2015, el porcentaje de personas que padecen hambre.

2 **Conseguir una Educación Primaria universal**
- Meta 3: Velar para que en 2015, los niños y niñas de todo el mundo, puedan terminar un ciclo completo de Educación Primaria.

3 **Promover la igualdad entre géneros y la autonomía de la mujer**
- Meta 4: Eliminar la disparidad de género en Educación Primaria y Secundaria, preferentemente antes de 2005, y en todos los niveles de Educación antes de fines de 2015.

4 **Reducir la mortalidad infantil**
- Meta 5: Reducir en dos terceras partes entre 1990 y 2015 la tasa de mortalidad infantil en menores de cinco años.

5 **Mejorar la salud materna**
- Meta 6: Reducir en tres cuartos, entre 1990 y 2015, la tasa de mortalidad materna.

6 **Combatir el VIH/Sida, el paludismo y otras enfermedades**
- Meta 7: Detener y comenzar a reducir para 2015, la propagación del VIH/Sida.
- Meta 8: Detener y comenzar a reducir para 2015, la propagación del paludismo, la tuberculosis y otras enfermedades.

7 **Garantizar la sostenibilidad ambiental**
- Meta 9: Integrar los principios del desarrollo sostenible en las políticas y programas nacionales antes de 2005 y revertir la pérdida de recursos medioambientales para 2015.
- Meta 10: Reducir a la mitad, para el año 2015, la proporción de personas que carecen de acceso sostenible al agua potable y al saneamiento básico.
- Meta 11: Mejorar considerablemente, para el año 2020, la vida de al menos 100 millones de habitantes de los barrios más precarios.

8 **Fomentar una asociación mundial para el desarrollo**
- Meta 12: Desarrollar, aún más, un sistema financiero y de comercio abierto, regulado, previsible y no discriminatorio.
- Meta 13: Atender las necesidades especiales de los países menos desarrollados.
- Meta 14: Atender a las necesidades especiales de los países sin litoral y de los pequeños Estados insulares en desarrollo.
- Meta 15: Encarar, de manera general, los problemas de la deuda de los países en desarrollo, aplicando medidas nacionales e internacionales, con el fin de garantizar la sostenibilidad de la deuda a largo plazo.
- Meta 16: En cooperación con los países en desarrollo, elaborar y aplicar estrategias que proporcionen a los jóvenes un trabajo digno y productivo.
- Meta 17: En cooperación con los laboratorios farmacéuticos, proporcionar acceso a los medicamentos de primera necesidad y a precios asequibles en los países en desarrollo.
- Meta 18: En colaboración con el sector privado, velar por que se puedan aprovechar los beneficios de las nuevas tecnologías de la información y de las comunicaciones.

COMPRENSIÓN LECTORA

RECUPERACIÓN DE INFORMACIÓN

1 | ¿Cuántos objetivos y cuántas metas especifica el documento?

Hay objetivos que se resuelven en una sola meta y objetivos que implican alcanzar varias metas. ¿Cuáles situarías en cada uno de estos grupos?

2 | Los objetivos han de cumplirse en un determinado plazo de tiempo. En qué fechas deberíamos…

a Detener y reducir la propagación del VIH/Sida.	
b Reducir la mortalidad infantil en dos terceras partes.	
c Mejorar la vida de al menos 100 millones de personas que viven en barriadas precarias.	
d Integrar los principios de desarrollo sostenible en las políticas y programas nacionales.	

Hay un único objetivo para el que no se fija fecha. ¿Cuál es?

3 | Lee con atención los siguientes enunciados y señala sin son verdaderos o falsos.

	V	F
a Entre 1990 y 2015 habría que reducir en dos terceras partes el porcentaje de personas cuyos ingresos son inferiores a un dólar por día.		
b Toda la población debería tener acceso a medicamentos de primera necesidad de forma gratuita.		
c Es preciso atender las necesidades especiales de los países sin litoral y de los pequeños Estados insulares en desarrollo.		
d Es necesario desarrollar un sistema financiero y de comercio abierto, regulado, previsible y no discriminatorio.		
e Habría que reducir en dos terceras partes entre 1990 y 2015 la tasa de mortalidad materna.		
f Hay que velar para que en 2015, los niños y las niñas de todo el mundo puedan terminar la enseñanza Secundaria.		
g Hay que atender las necesidad especiales de los países menos desarrollados.		
h Es necesario reducir a la mitad, para el año 2015, la proporción de personas que carecen de acceso sostenible al agua potable y al saneamiento básico.		
i En 2015 no debería haber hambre en el mundo.		
j En 2005 no debería haber disparidad de género en ningún nivel educativo.		
k Hay que elaborar estrategias para que los mayores de 45 años encuentren un trabajo digno y productivo.		
l Hay que garantizar el cobro de la deuda de los países en desarrollo.		

INTERPRETACIÓN DEL TEXTO

4 | Muchas metas son susceptibles de cuantificación. Ordena estos retos del más ambicioso al menos ambicioso.

Reducir a la mitad:
Reducir en tres cuartos:
Reducir en dos terceras partes:
Comenzar a reducir:
Eliminar:

¿Con qué gráfico se correspondería cada una de estas acciones?

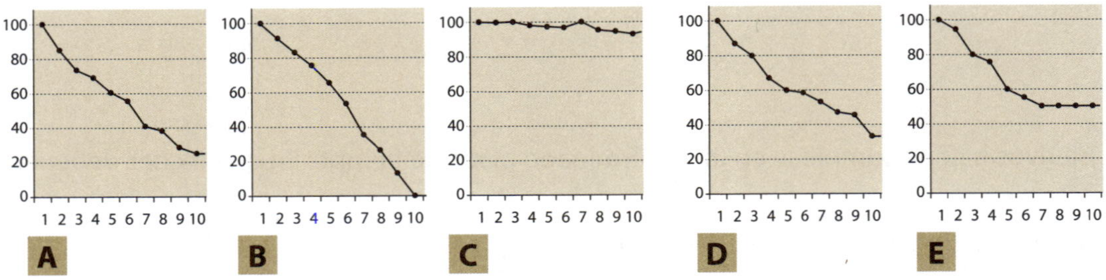

5 | Vamos a evaluar el grado de cumplimiento de los *Objetivos de Desarrollo del Milenio*. Comenzaremos por el primero: erradicar la pobreza extrema y el hambre. Observa el siguiente gráfico.

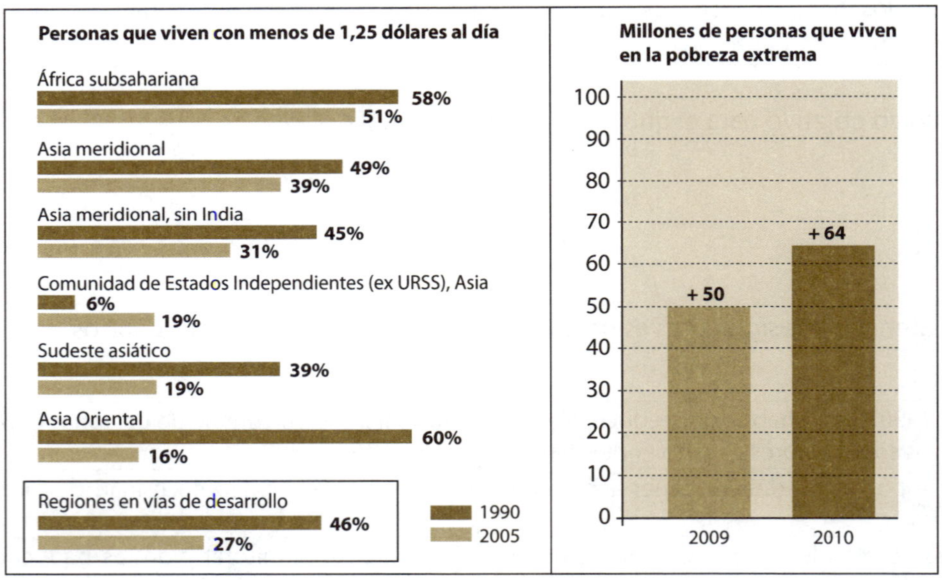

a ¿Hay alguna zona geográfica que haya alcanzado la meta 1 en el año 2005?

b Aunque la meta no se logre, ¿se aprecia una tendencia positiva en todos los casos?

c Centrándonos en las zonas geográficas que no cumplen los criterios que marca el objetivo 1, ¿cuál está más cerca de conseguirlo?

d La crisis económica internacional que comenzó en el año 2008 frenó los programas de ayuda y las inversiones, ralentizando el crecimiento de los países en desarrollo. Fíjate en el segundo gráfico. ¿En qué porcentaje creció la pobreza extrema entre los años 2009 y 2010?

6 | Presta atención a los siguientes datos.

La cantidad de muertes de niños menores de 5 años ha disminuido en todo el mundo desde 12 millones en 1990 hasta 7,6 millones en 2010.
El número de personas que viven en barrios precarios creció en todo el mundo desde 650 millones en 1990 hasta 863 millones en 2010.

a ¿Con qué objetivo relacionas el primero de ellos? ¿Cuál ha sido la mejora? ¿Qué proporción o porcentaje representa? ¿Se ha cumplido la meta fijada?

b ¿Con qué objetivo se relaciona el segundo? ¿La información que proporciona nos sirve para evaluar el grado de consecución de la meta? Justifica tu respuesta.

7 | ¿Te acuerdas del niño Juan? Valora los datos del cuadro, completa las casillas correspondientes y decide si su país va a cumplir los *Objetivos del Milenio*.

INDICADOR	OBJETIVO	META	¿SE CUMPLE? SÍ / NO
a En 1990 se emitían 5086 toneladas métricas de CO_2 a la atmósfera, hoy son 15.203.			
b En 1990, el 86,8% de los niños tenía acceso a la educación elemental frente a un 80,5% de niñas, hoy son el 99,7% de los niños y el 99,6% de las niñas.			
c En 1990, la población que estaba desnutrida era un 15,3%, hoy es un 30,4%.			
d En 1990, la población que ingresaba menos de un dólar al día era un 16,2%, hoy es un 13,5%.			
e En 1990, la población que vivía con VIH era un 0,1%, hoy es un 0,8%.			
f En 1990, la tasa de mortalidad de niños menores de 5 años por cada 1000 nacidos vivos era de 78, hoy es de 30,4.			
g En 1990, la tasa de mortalidad materna por cada 100.000 alumbramientos era de 160, hoy es de 120.			
h En 1990, las personas que tenían acceso al agua potable eran un 62%, hoy son un 78%.			
i En 1990, las servidumbres de la deuda suponían un 13,1%, hoy suponen un 4,9%.			
j En 1990, los niños y niñas que llegaban a terminar la Educación Primaria eran un 83,7%, hoy son un 99,6%.			
k En 1990, se registraban 134 casos de tuberculosis por cada 10.000 habitantes; hoy solo 111.			

8 | Según el Banco Mundial, dos tercios de los países en desarrollo están bien encaminados o próximos a lograr metas importantes para erradicar la extrema pobreza y aliviar el hambre. La razón fundamental de este pronóstico tan optimista es la alta tasa de crecimiento económico registrada en los países menos desarrollados entre 2007 y 2010 (6,6% anual comparada con 3,2% para toda la economía mundial) y proyectada para 2011-2014 (6,3% anual comparada con 4,6% para la economía mundial).

a Tomando como base estos datos, ¿cuál sería la media de crecimiento anual del país donde vive el niño Juan en el período 2007-2014?

b El país donde vive el niño John está creciendo a un ritmo del 1,5% anual, lo cual supone una notable diferencia. ¿De cuántos puntos porcentuales?

c Con todo, la brecha que separa al niño John y al niño Juan es muy grande. De mantenerse el mismo crecimiento (6,3% y 1,5% anual). ¿Cuántos años pasarían antes de que el niño John y el niño Juan pudieran mirarse cara a cara? La respuesta está en uno de estos gráficos. Examínalos con atención y deduce cuál refleja el crecimiento de sus respectivos países hasta llegar a converger. Razona tu elección.

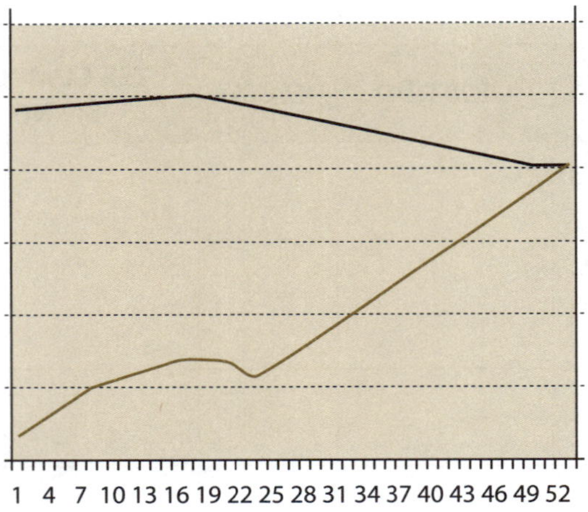

☐ **Gráfico A: 53 años**

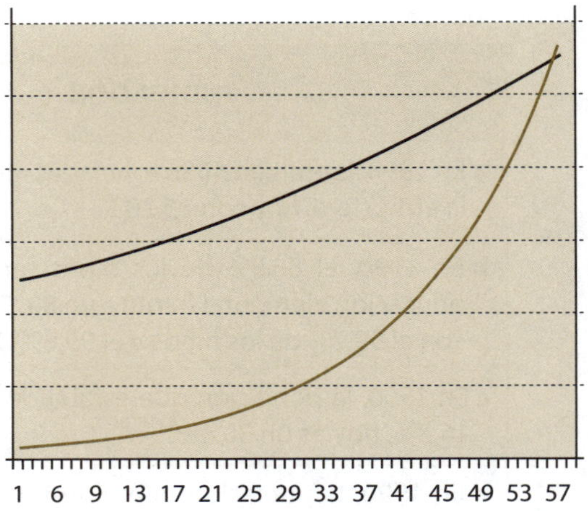

☐ **Gráfico B: 57 años**

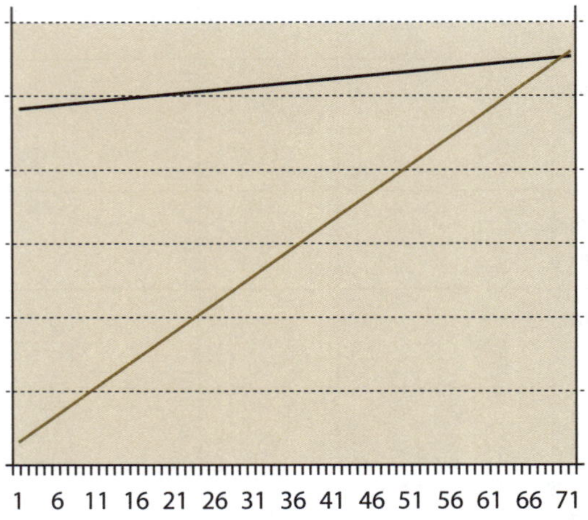

☐ **Gráfico C: 71 años**

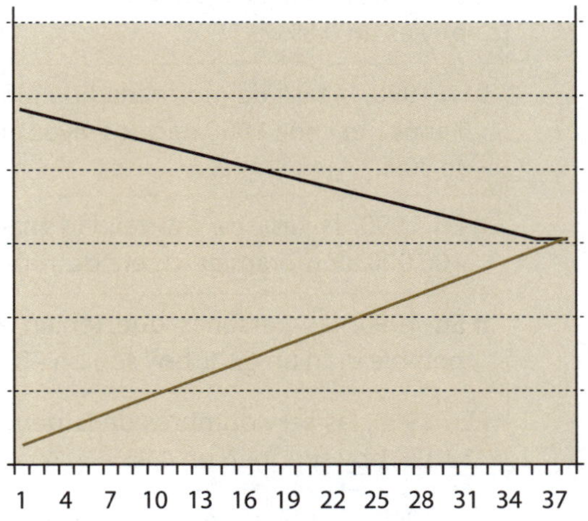

☐ **Gráfico D: 38 años**

REFLEXIÓN Y VALORACIÓN DE LA FORMA Y EL CONTENIDO

9 | Los *Objetivos de Desarrollo del Milenio* son importantes por muchas razones: se centran en los derechos humanos, se pueden medir y lograr en plazos definidos, cuentan con un apoyo político sin precedentes, comprometen a la comunidad internacional con el desarrollo, etc. Haz una breve redacción comentando estos aspectos.

10 | Como sabes, cada uno de los *Objetivos del Milenio* se desglosa en varias metas. ¿Por qué se estructura el texto de este modo?

CONOCIMIENTOS Y DESTREZAS DE LENGUA

11 | ¿Qué forma tienen los verbos que aparecen en el texto?

12 | El vocabulario con el que están redactados los *Objetivos de Desarrollo del Milenio* responde perfectamente a su temática. Abundan los sustantivos derivados que expresan cualidades, acciones, efectos o magnitudes. Compruébalo completando la siguiente tabla con términos extraídos del texto.

SUFIJO	SIGNIFICADO	EJEMPLOS
-aje	Medida.	
-ción	Acción, resultado de la acción.	
-miento	Acción, resultado de la acción.	
-eza	Cualidad, condición.	
-dad	Cualidad.	
-ía	Cualidad.	

13 | Propón un sinónimo para las palabras subrayadas.

En <u>cooperación</u> con los <u>países</u> en desarrollo, <u>elaborar</u> y <u>aplicar</u> estrategias que <u>proporcionen</u> a los jóvenes un <u>trabajo</u> digno y <u>productivo</u>.

MEMORANDO

14 | El primero de los *Objetivos del Milenio* es «Erradicar la pobreza extrema y el hambre». El adjetivo «extremo» se escribe con **x**; no con **s**. No siempre es fácil distinguir entre ambas letras, ya que su sonido es muy semejante. Escribe correctamente las siguientes palabras.

a e__cenario	**d** e__poner	**g** e__clavo	**j** e__pléndido	**m** e__ageración
b e__céptico	**e** e__trafalario	**h** e__tratosfera	**k** e__clusivo	**n** e__cusa
c e__pectador	**f** e__ilio	**i** e__presivo	**l** e__traviado	**ñ** e__treñimiento

15 | Explica la función que cumple «con los laboratorios farmacéuticos» en los enunciados «En cooperación con los laboratorios farmacéuticos» y «Cooperando con los laboratorios farmacéuticos».

Escucha el dictado 6 y reprodúcelo en la página 78 del cuaderno.

AUTOEVALUACIÓN: mis resultados

COMPETENCIA EN COMUNICACIÓN LINGÜÍSTICA: COMPRENSIÓN LECTORA

Consulta el solucionario y completa la tabla. El profesor puede ayudarte a evaluar las preguntas 9 y 10.

	ACTIVIDAD										TOTAL			
	1	2	3	4	5	6	7	8	9	10				
PUNTUACIÓN														**A0**
1. Recuperación de información												· 3,33 =		**A1**
2. Interpretación del texto												· 2 =		**A2**
3. Reflexión y valoración de la forma y el contenido												· 5 =		**A3**

COMPETENCIA EN COMUNICACIÓN LINGÜÍSTICA: CONOCIMIENTOS Y DESTREZAS DE LENGUA

Consulta el solucionario y completa la tabla.

	ACTIVIDAD					TOTAL			
	11	12	13	14	15				
PUNTUACIÓN									**B0**
1. Clases de palabras							· 10 =		**B1**
2. Estructura de la palabra							· 10 =		**B2**
3. Relaciones de significado y riqueza léxica							· 10 =		**B3**
4. Corrección ortográfica							· 10 =		**B4**
5. Funciones sintácticas							· 10 =		**B5**

LAS DEMÁS COMPETENCIAS

Con la ayuda del profesor, evalúa el grado de adquisición de las demás competencias. Marca una × donde corresponda.

	Competencia matemática: conozco y manejo correctamente objetos matemáticos básicos y utilizo procesos lógicos para resolver problemas cotidianos (actividades 4, 5, 6, 8).
	Competencia social y ciudadana: empleo la lengua con propiedad en las diferentes situaciones de la vida diaria asumiendo deberes, ejerciendo derechos, tomando decisiones, identificando valores, ejerciendo la crítica o resolviendo conflictos de forma constructiva (actividad 9).
	Aprender a aprender: defino correctamente los términos de un problema, manejo correctamente la información de que dispongo y busco los elementos y recursos precisos para resolverlo, depurando los errores y sistematizando el proceso de cara al futuro (actividades 7, 10).

PRUEBA DE LECTURA 7 | La tesis de barro

Marta y Javier traban amistad y comienzan a verse con cierta frecuencia en encuentros solidarios o simplemente para tomar un café y charlar sobre los temas que les preocupan. Un hermano de Marta está trabajando como cooperante en un país en vías de desarrollo. Hace poco escribió una carta en la que cuenta su experiencia. Es un gran testimonio y la muchacha decide compartirlo con Javier.

Queridos padres, querida Marta:

Comienzo la presente confesando que con poco me he descuidado en escribiros aunque espero que me perdonéis, pues aquí se me pasa el tiempo casi sin sentir. ¡Hay tanto que hacer!

Parece que fue ayer cuando llegué a este país, un territorio inmenso, y me encontré solo entre miles de personas con todo tipo de necesidades. No sabía por dónde comenzar. No había nada. Así que me puse a caminar. Caminé por el fango de las calles durante días. Me dejé ver, y esperé a que la gente se acercase a mí. Nuestra filosofía es bien sencilla: ayudar, dar esperanza, trabajar codo con codo con la gente para conseguir una vida digna.

Sabéis que siempre he estado dedicado a la educación. Aquí he hecho lo mismo. Al principio, sobre todo, nos centramos en Primaria, pero ahora también tenemos las primeras clases de Secundaria. Comenzamos el curso con muy buena fortuna el siete de enero (aquí los periodos lectivos son distintos), después de haber pasado unas Navidades bastante divertidas. El número de alumnos excede al del año pasado, pues en el colegio se educan unos 700 niños; yo solo tengo en mi aula 60. Son unos chicos estupendos. Algunos tienen que caminar una hora y media para venir a clase y otra hora y media para volver a su casa. Con todo, a nadie se le ocurre faltar por duro que sea el camino.

En el colegio hemos tenido que improvisarlo todo: creo que no habrá una silla sana, las mesas cojean, los chicos escriben sobre trozos de pizarra... ¡Imagínate que explicamos anatomía sobre muñecas que hemos vaciado y llenado con bolas de papel de colores para que simulen los órganos del cuerpo! Carecemos de lo más esencial, pero lo suplimos con imaginación y buen humor.

Nos preocupa especialmente la educación de las muchachas. No es que la mujer esté despreciada o maltratada, pero sí es cierto que no tiene voz y apenas puede actuar. Por eso, uno de nuestros objetivos es que puedan comprender y hacer suyos ciertos valores y que reclamen el respeto que se merecen.

Admito que no me ha resultado fácil adaptarme a este entorno, porque es totalmente distinto de todo lo que conocía. El trabajo en el colegio y la convivencia con la gente me han ayudado mucho. He aprendido de ellos una barbaridad, en todos los sentidos. La tolerancia, la acogida, la solidaridad son muy fuertes aquí. Ellos mismos las viven como un valor muy importante de sus tradiciones locales.

Durante las vacaciones he hecho mi primera «tesis de barro». No creáis que me he doctorado, no es eso. Sabéis que en los periodos durante los que no se imparte docencia, los profesores suelen mejorar su formación haciendo cursos para actualizar sus conocimientos, preparando materiales para sus próximas clases o redactando trabajos o incluso tesis que les permitan alcanzar el título de doctor en la disciplina que enseñan. Pues bien, aquí las únicas tesis que hacemos son las «tesis de barro»: nos dedicamos a hacer adobes (ladrillos de barro y paja) con los que luego construimos escuelitas, donde dar clase a más niños. ¿Qué os parece? Es un trabajo duro, pero no estamos ni mucho menos solos: toda la comunidad participa y la experiencia es muy gratificante.

En esta ocasión, la tarea nos cundió tanto que, después de acabar el edificio que servirá de escuela, tuvimos ocasión de levantar un pequeño almacén, un silo, donde se guardarán patatas. Puede parecer poca cosa, pero aquí hay muchos campesinos que se dedican a cultivarlas y esto les permitirá retrasar la venta de su cosecha hasta que los precios que les ofrecen sean justos: de otra manera, sin un lugar donde guardar lo que sacan de la tierra, se ven obligados a venderlo todo al momento, por muy poco dinero. Ya veis que algo tan elemental como un almacén de patatas puede suponer una mejora muy importante en la vida de estos campesinos.

Os agradezco mucho las cartas que me habéis mandado y os prometo responderos con más puntualidad de lo que lo he hecho hasta ahora. Trataré de mandaros algunas fotos de estas tierras, para que conozcáis el lugar donde vivo y trabajo y comprobéis qué buen aspecto tengo, la actividad física y la altura me sientan muy bien. Con esto me despido, rogándoos que me dispenséis por lo mal escritas que van estas líneas, pues las he redactado en un momento.

Un cariñoso abrazo de vuestro hijo y hermano que no os olvida.

Fernando.

COMPRENSIÓN LECTORA

RECUPERACIÓN DE INFORMACIÓN

1 | ¿A qué se dedica Fernando, el hermano de Marta?

- ☐ a) A trabajar con la gente del país donde desarrolla su labor de cooperante.
- ☐ b) Se dedica a la educación.
- ☐ c) Se dedica a construir infraestructuras: escuelitas, almacenes, etc.
- ☐ d) Últimamente no ha desarrollado labor alguna: se ha tomado unas vacaciones con motivo de las fiestas de Navidad.

2 | Fernando habla de un colegio en el que…

- ☐ a) Se educan 60 niños.
- ☐ b) Los niños deben caminar una hora y media para ir a clase.
- ☐ c) Hay 60 niños por aula.
- ☐ d) Hay 700 alumnos matriculados.
- ☐ e) Nunca falta nadie a clase.
- ☐ f) Son correctas las opciones b), c), d) y e).
- ☐ g) Ninguna de las opciones anteriores es correcta.

3 | Lee con atención los siguientes enunciados y señala sin son verdaderos o falsos.

	V	F
a Fernando incluye en su carta una foto para que sus padres vean el buen aspecto que tiene.		
b La adaptación de Fernando a la realidad que le rodea no resultó fácil.		
c Comenzó el curso el siete de enero.		
d Este es su tercer curso en el colegio.		
e En el colegio preocupa especialmente la educación de las muchachas.		
f Fernando ha descubierto los valores como la tolerancia, la acogida o la solidaridad, que hasta entonces no conocía.		
g Apenas tiene trato con la gente, su filosofía es supervisar, no implicarse.		
h El principal material de construcción parece ser el adobe.		
i Las calles no están pavimentadas.		
j Fernando ha conseguido recientemente el título de doctor.		
k Todos los campesinos cultivan patatas.		
l Fernando está tan ocupado que casi no encuentra tiempo para escribir esta carta.		
m Fernando vive en una zona montañosa, una meseta o un altiplano.		

INTERPRETACIÓN DEL TEXTO

4 | Las cartas personales pueden tener distintos propósitos.

1 Hacer una invitación.
2 Comentar la vida cotidiana.
3 Felicitar a alguien.
4 Contar experiencias.
5 Expresar sentimientos.
6 Transmitir información o noticias.
7 Mantener el contacto con otra persona.

¿Con qué intención se han escrito los fragmentos de la página siguiente?

a Comenzamos el curso con muy buena fortuna el siete de enero (aquí los periodos lectivos son distintos), después de haber pasado unas Navidades bastante divertidas. El número de alumnos excede al del año pasado, pues en el colegio se educan unos 700 niños; yo solo tengo en mi aula 60.	
b Nos preocupa especialmente la educación de las muchachas. No es que la mujer esté despreciada o maltratada, pero sí es cierto que no tiene voz y apenas puede actuar. Por eso, uno de nuestros objetivos es que puedan comprender y hacer suyos ciertos valores y que reclamen el respeto que se merecen.	
c Admito que no me ha resultado fácil adaptarme a este entorno, porque es totalmente distinto de todo lo que conocía.	
d Durante las vacaciones he hecho mi primera «tesis de barro». No creáis que me he doctorado, no es eso [...]: nos dedicamos a hacer adobes (ladrillos de barro y paja) con los que luego construimos escuelitas, donde dar clase a más niños. ¿Qué os parece? Es un trabajo duro, pero no estamos ni mucho menos solos: toda la comunidad participa y la experiencia es muy gratificante.	
e [...] tuvimos ocasión de levantar un pequeño almacén, un silo, donde se guardarán patatas. Puede parecer poca cosa, pero aquí hay muchos campesinos que se dedican a cultivarlas y esto les permitirá retrasar la venta de su cosecha hasta que los precios que les ofrecen sean justos.	
f Os agradezco mucho las cartas que me habéis mandando y os prometo responderos con más puntualidad de lo que lo he hecho hasta ahora.	

CARTA PERSONAL

5 | El cuerpo de la carta consta de nueve párrafos. ¿Cuál es el contenido de cada uno de ellos? Une con flechas según corresponda.

- **a** Primer párrafo
- **b** Segundo párrafo
- **c** Tercer párrafo
- **d** Cuarto párrafo
- **e** Quinto párrafo
- **f** Sexto párrafo
- **g** Séptimo párrafo
- **h** Octavo párrafo
- **i** Noveno párrafo

1. Explica cuál es su labor como cooperante.
2. Refiere las dificultades que encontró al principio y lo enriquecedora que le está resultando esta experiencia.
3. Se despide de su familia mostrándoles su afecto, su agradecimiento, y prometiendo que seguirán en contacto.
4. Recuerda sus comienzos, los motivos que le han llevado a viajar a otro país y el estilo de vida que ha adoptado.
5. Se disculpa por haber tardado tanto en responder a las cartas de su familia.
6. Comenta las condiciones en que realiza su trabajo.
7. Se centra en su trabajo y en las prioridades que han establecido dentro de la labor que realizan.
8. Habla de un proyecto reciente que ha mejorado de manera notable la vida de los campesinos de la zona.
9. Explica cómo se ha involucrado en proyectos de desarrollo para la comunidad en la que trabaja.

6| ¿Qué connotaciones suele tener la palabra «tesis» en el mundo desarrollado? ¿Y la palabra «barro»?

a ¿Qué impresión produce encontrarlas unidas en un mismo sintagma?

b ¿Se degrada el prestigio del término «tesis» o se consigue dignificar la palabra «barro»? Justifica tu respuesta.

7| El testimonio de Fernando pone de manifiesto las profundas diferencias que existen entre un país desarrollado y otro en vías de desarrollo, tanto en un sentido positivo como en uno negativo. Completa estas listas adoptando el punto de vista del mundo desarrollado.

¿Qué tienen en común los elementos de la primera lista? ¿Y los de la segunda?

8| ¿Crees que Fernando es feliz? Justifica tu respuesta apoyándote en los pasajes de su carta que estimes oportunos.

REFLEXIÓN Y VALORACIÓN DE LA FORMA Y EL CONTENIDO

9 | Fernando concede mucha importancia a la educación de los niños como base para el desarrollo del país. ¿Estás de acuerdo con él? ¿De qué manera repercute la formación de los jóvenes en el progreso de una sociedad?

10 | Se dice que las cartas personales, como la de Fernando, han de escribirse a mano. ¿Por qué? ¿Se trata simplemente de un formalismo? ¿Cambiaría en algo el mensaje que transmiten si se presentaran impresas?

CONOCIMIENTOS Y DESTREZAS DE LENGUA

11 | Analiza las siguientes formas verbales tomadas del texto completando el cuadro. Para facilitarte las cosas, las dos primeras están resueltas y pueden servirte como ejemplo.

PERSONA	NÚMERO	TIEMPO	MODO	VERBO	FORMA
1.ª	singular	presente	indicativo	comenzar	comienzo
infinitivo				caminar	caminar
					encontré
					habrá
					reclamen
					he redactado
					preparando

12 | El verbo «educar», el sustantivo «educación» y el adjetivo «educativo» pertenecen a la misma familia léxica. Completa el siguiente cuadro con las series correspondientes.

VERBO	SUSTANTIVO	ADJETIVO
admitir		
improvisar		
	necesidad	
		divertido
exceder		
		importante
	altura	

13 | La palabra «adobe» pertenece al campo semántico de los materiales de construcción en el que encontraríamos palabras como «ladrillo», «teja», «cemento», «hormigón» o «granito». ¿Qué campos semánticos formarían las siguientes series?

a arquitecto, albañil, carpintero, aparejador, jardinero, paisajista	
b hormigonera, llana, gaveta, paleta, nivel	
c plaza, calle, avenida, bulevar, paseo	
d hospital, colegio, ayuntamiento, biblioteca, iglesia, polideportivo	
e dormitorio, salón, cocina, pasillo, baño	
f Todos estos campos semánticos se podrían encuadrar dentro de…	❑ un campo léxico ❑ un campo asociativo ❑ una familia léxica

14 | En ocasiones, la escritura de «porque» puede plantear dudas, ya que también existen las formas «por que», «por qué» y «porqué». Decide cuál emplear en cada caso en estos ejemplos.

a ¿_______________ crees que Fernando ha dejado su país para ayudar a los demás?
b Está satisfecho viviendo allí, _______________ cree en lo que hace.
c Ahora entiendo el _______________ de su decisión.
d La experiencia _______________ está pasando le resulta enriquecedora.
e Lucha _______________ la gente alcance una vida digna.

15 | Observa estas dos oraciones: «En estos periodos no se imparte docencia», «En los silos se guardan patatas».

☐ a) Ambas son oraciones impersonales y su CD es «docencia» y «patatas» respectivamente.
☐ b) Ambas son oraciones pasivas reflejas y su sujeto es «docencia» y «patatas» respectivamente.
☐ c) La primera es una oración impersonal; la segunda, una pasiva refleja.
☐ d) La primera es una pasiva refleja; la segunda, una impersonal.
☐ e) Ninguna de las opciones anteriores es correcta; en ambos casos, «se» es un pronombre reflexivo y funciona como complemento indirecto.

Escucha el dictado 7 y reprodúcelo en la página 79 del cuaderno.

AUTOEVALUACIÓN: mis resultados

COMPETENCIA EN COMUNICACIÓN LINGÜÍSTICA: COMPRENSIÓN LECTORA

Consulta el solucionario y completa la tabla. El profesor puede ayudarte a evaluar las preguntas 9 y 10.

	ACTIVIDAD												
	1	2	3	4	5	6	7	8	9	10	TOTAL		
PUNTUACIÓN													**A0**
1. Recuperación de información												· 3,33 =	**A1**
2. Interpretación del texto												· 2 =	**A2**
3. Reflexión y valoración de la forma y el contenido												· 5 =	**A3**

COMPETENCIA EN COMUNICACIÓN LINGÜÍSTICA: CONOCIMIENTOS Y DESTREZAS DE LENGUA

Consulta el solucionario y completa la tabla.

	ACTIVIDAD							
	11	12	13	14	15	TOTAL		
PUNTUACIÓN								**B0**
1. Clases de palabras							· 10 =	**B1**
2. Estructura de la palabra							· 10 =	**B2**
3. Relaciones de significado y riqueza léxica							· 10 =	**B3**
4. Corrección ortográfica							· 10 =	**B4**
5. Funciones sintácticas							· 10 =	**B5**

LAS DEMÁS COMPETENCIAS

Con la ayuda del profesor, evalúa el grado de adquisición de las demás competencias. Marca una × donde corresponda.

	Competencia social y ciudadana: empleo la lengua con propiedad en las diferentes situaciones de la vida diaria asumiendo deberes, ejerciendo derechos, tomando decisiones, identificando valores, ejerciendo la crítica o resolviendo conflictos de forma constructiva (actividades 6, 7, 9).
	Aprender a aprender: defino correctamente los términos de un problema, manejo correctamente la información de que dispongo y busco los elementos y recursos precisos para resolverlo, depurando los errores y sistematizando el proceso de cara al futuro (actividad 4).
	Autonomía e iniciativa personal: afronto las tareas con una actitud positiva y demuestro tener un criterio propio a la hora de actuar (actividad 10).

PRUEBA DE LECTURA 8 | Males que tienen remedio

El 97% de la mortalidad por enfermedades infecciosas se registra en países en desarrollo. El acceso a la atención médica y a bienes tan básicos como los fármacos o las vacunas está gravemente amenazado por los desequilibrios económicos del mundo. Javier estudia medicina y sabe muy bien que garantizar la salud es indispensable para mejorar las condiciones de vida de los más vulnerables. Por eso denuncia esta situación y trata de crear conciencia del problema dando a conocer las causas por las que enferman y mueren estas personas. Lee con atención el texto que ha redactado para presentarlo en un congreso universitario de jóvenes investigadores.

ENFERMEDADES INFECCIOSAS DE LOS PAÍSES EN DESARROLLO

VIH/Sida

El VIH/Sida se ha convertido en una epidemia. Más de 34 millones de personas están infectadas, de ellas, 23 millones viven en el África subsahariana; el 60% son mujeres.

Como es sabido, el virus se transmite por vía sexual, por contacto con la sangre de personas infectadas y por vía maternofilial. Una vez infectado, el paciente pasa por una primera fase de sintomatología inespecífica (febrícula, trastornos digestivos, dolor articular) que remite espontáneamente. Durante la segunda fase, el virus se multiplica y ataca los linfocitos que coordinan el sistema inmunológico. El individuo portador no sufre una disminución aparente de su salud, pero puede contagiar a otras personas. La tercera fase se caracteriza por el deterioro del sistema inmunitario, lo que da lugar a la aparición de diversas enfermedades: infecciones oportunistas, cánceres, alteraciones del tejido nervioso y de las mucosas intestinales, que comprometen la vida del paciente.

Por ahora no existe vacuna ni terapia efectiva y el tratamiento consiste en fármacos que bloquean las enzimas del virus (retrotranscriptasa, proteasas), obstaculizan la multiplicación del virus y retardan, por tanto, la evolución de la infección. El objetivo es convertirla en una enfermedad crónica y controlada.

La epidemia del Sida obedece a causas mucho más complejas que las meramente higiénicas o sanitarias. Existen numerosos proyectos para combatir esta infección que pasan por educar a la población para modificar hábitos que comportan un riesgo para su vida, construir dispensarios, atender a los enfermos, a las madres seropositivas y a los huérfanos.

Malaria o Paludismo

Cerca de la mitad de la población mundial corre el riesgo de padecer esta enfermedad, pero la mayoría de las muertes se dan en el África subsahariana. La enfermedad se transmite por la picadura de mosquitos infectados. Los parásitos se multiplican en el hígado y después infectan los glóbulos rojos. No es fácil reconocer la causa de los primeros síntomas, pero si no se trata a tiempo, puede poner en peligro la vida del enfermo, porque altera el riego sanguíneo de órganos vitales. Para combatirla es eficaz el tratamiento con varios medicamentos basados en la artemisinina, pero la resistencia a los antipalúdicos está aumentando, lo que dificulta el control de la enfermedad. La prevención más eficaz son las mosquiteras tratadas con insecticidas de acción prolongada y fumigar los interiores con insecticidas de acción residual.

Tuberculosis

La tuberculosis es una enfermedad bacteriana que se propaga por vía aérea y ataca fundamentalmente a los pulmones. Se contagia en condiciones de hacinamiento y falta de salubridad. Si el que tiene tuberculosis activa no recibe tratamiento, puede infectar a una media de 10 a 15 personas al año, aunque el portador no desarrolle la enfermedad, que se caracteriza por tos persistente, esputos sanguinolentos, dificultades respiratorias, fiebre y sudoración.

Existen varios medicamentos que permiten curar la enfermedad: isoniacida, rifampicina, pirazinamida, etambutol, estreptomicina, y en casos especialmente graves: cicloserina, etionamida o ciprofloxacino, pero para que el tratamiento sea efectivo debe mantenerse durante 6 meses. Por desgracia, han aparecido cepas resistentes a estos medicamentos, ya que los infectados interrumpen el tratamiento o lo siguen de forma irregular.

ENFERMEDADES OLVIDADAS

Son enfermedades tropicales que afectan gravemente a millones de personas en los países en desarrollo. A pesar de ello, su tratamiento es caro, ineficaz o inexistente.

■ **Chagas**. Es una enfermedad parasitaria tropical, generalmente crónica, que se transmite por medio de la picadura de un insecto, el chinche, que vive en las casas de adobe; también puede contagiarse por transfusión de sangre contaminada, al ingerir alimentos contaminados o por vía maternofilial. Se estima que cada año son infectadas entre 15 y 17 millones de personas, sobre todo en las regiones rurales más pobres de Argentina, Bolivia, Brasil, Colombia y Chile.

El enfermo suele pasar por tres fases: la fase aguda, el paciente desarrolla un edema en la zona de la inoculación; una segunda fase asintomática; y la fase crónica en la que la enfermedad afecta al sistema nervioso (demencia), digestivo (megacolon, megaesófago, problemas de deglución, desnutrición) y al corazón (miocardiopatía). La infección se puede tratar con nifurtimox y benzinidazol, y, en los últimos años, con posaconazol, que aumenta su efectividad combinado con amiodarona.

■ **Dengue**. Se transmite por la picadura de un mosquito infectado por algún virus del dengue. Afecta a amplias zonas tropicales y subtropicales en América, África y Asia. Ataca a órganos vitales como el hígado, el corazón y el cerebro. Los síntomas son: fiebre, dolor de cabeza, dolor muscular y articular. No existen fármacos antivíricos contra el dengue, pero la prevención (repelentes, eliminación de criaderos de larvas, medidas de desinfección, cuarentenas) el diagnóstico precoz y una buena atención clínica garantizan la supervivencia de los pacientes.

■ **Tripanosomiasis africana**. Conocida también como enfermedad del sueño, amenaza a más de 60 millones de personas en el África subsahariana. Se transmite por la mosca tsé-tsé, que se reproduce en zonas pantanosas. La población está expuesta a estos insectos cada vez que va a la selva o al río a buscar agua, a lavar ropa, a cazar o a pescar. La picadura inyecta el parásito en la corriente sanguínea. En la primera fase el parásito se reproduce en la sangre y en el sistema linfático provocando fiebre, jaquecas, debilidad y dolores en las articulaciones; en la segunda fase, ataca al sistema nervioso y el individuo cambia de carácter, pierde la concentración, se muestra irritable y sufre en periodos de somnolencia cada vez más prolongados; en la fase final, el paciente entra en coma y muere. La tripanosomiasis se trata con cuatro fármacos: pentamidina, melarsoprol, eflornithine y suramin, aunque son bastante tóxicos y difíciles de administrar.

■ **Filariasis linfática**. Se transmite por la picadura de un mosquito que inocula un parásito nematodo. Actualmente hay unos 120 millones de personas infectadas, de las cuales, 40 millones están incapacitadas y desfiguradas por las lesiones que la enfermedad les causa, ya que el parásito bloquea el sistema linfático y hace que las extremidades del enfermo se inflamen. A los infectados se los trata con ivermectina, dietilcarbamacina y albendazol.

■ **Leishmaniasis o Kala azar**. Se transmite por la picadura de la mosca de la arena. La infección debilita el sistema inmunológico causando anemia, pérdida de peso, agrandamiento del bazo y de los ganglios linfáticos y fiebre. Cerca del 90% de los casos se diagnostican en la India, Bangladés, Nepal, Brasil, y Sudán. Se trata con fármacos basados en antimonio pentavalente, como el estiboglucanato sódico y el antimoniato de meglimina, en caso necesario también se puede administrar isotionato de pentamidina, anfotericina o miltefosina.

EXPOSICIÓN CIENTÍFICA

COMPRENSIÓN LECTORA

RECUPERACIÓN DE INFORMACIÓN

1 | El texto clasifica en dos grupos las enfermedades que padecen los países en desarrollo. ¿Qué criterio sigue?

- ☐ a) Enfermedades infecciosas que afectan a los países desarrollados y enfermedades olvidadas que afectan a los países en desarrollo.
- ☐ b) Enfermedades epidémicas, que afectan a un número significativo de la población mundial, y enfermedades olvidadas, que solo afectan a una minoría.
- ☐ c) Enfermedades infecciosas tropicales y enfermedades no infecciosas, a las que califica como olvidadas.
- ☐ d) Enfermedades que la comunidad internacional tiene presentes, sobre las cuales se investiga y se desarrollan tratamientos, y enfermedades olvidadas.

2 | Algunas de estas enfermedades infecciosas se conocen con dos nombres distintos. ¿Cuáles?

3 | Lee con atención los siguientes enunciados y señala sin son verdaderos o falsos.

	V	F
a El 60% de las mujeres del África subsahariana están infectadas por el virus del Sida.		
b La filariasis linfática afecta a 120 millones de personas.		
c Para que el tratamiento contra la malaria sea efectivo debe mantenerse durante 3 meses.		
d El dengue afecta fundamentalmente a las zonas tropicales y subtropicales.		
e La malaria afecta a la mitad de la población mundial.		
f La mosca tsé-tsé se reproduce en zonas pantanosas.		
g El dengue se cura con etambutol, estreptomicina y cicloserina.		
h Un enfermo de tuberculosis infecta a más de 15 personas al año.		
i La tuberculosis no se cura, pero una buena atención clínica garantiza la supervivencia de los pacientes.		
j El 90% de los casos de leishmaniasis se diagnostican en Asia.		
k Cada año entre 15 y 17 millones de personas se infectan de chagas.		
l La tuberculosis se propaga por vía aérea.		

EXPOSICIÓN CIENTÍFICA

INTERPRETACIÓN DEL TEXTO

4 | El texto que ha redactado Javier ofrece una gran cantidad de información acerca de las enfermedades que sufren los países en desarrollo. Vamos a tabular todos estos datos para poder compararlos entre sí con mayor facilidad.

	VÍA DE TRANSMISIÓN	¿A QUÉ ÓRGANOS O SISTEMAS AFECTAN?	¿CUÁLES SON SUS CONSECUENCIAS?	TERAPIA
Sida				
Malaria				
Tuberculosis				
Chagas				
Dengue				
Tripanosomiasis africana				
Filariasis linfática				
Leishmaniasis				

5 | Las enfermedades infecciosas anteriores pueden clasificarse en tres grupos: víricas, bacterianas y parasitarias. Según el texto, ¿en qué grupo se encuadra cada una de ellas?

a Enfermedades provocadas por virus:

b Enfermedades provocadas por bacterias:

c Enfermedades provocadas por parásitos:

Los virus son organismos unas cien veces más pequeños que las bacterias, que infectan células a partir de las cuales se multiplican; la mayoría de ellos tienen forma esférica. Las bacterias son microorganismos unicelulares en forma de esfera, de barra o incluso de hélice, con una estructura encapsulada muy característica. Los parásitos pueden ser protozoos o nematodos, gusanos redondos y alargados, a veces en forma de látigo.

Observa las siguientes imágenes e identifica en ellas el agente que causa la malaria, la tuberculosis, el dengue y la filariasis linfática.

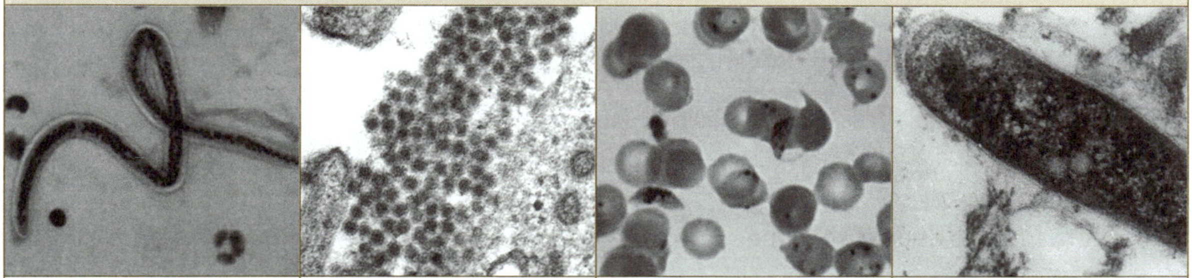

A	B	C	D

6 | Para apoyar su exposición, Javier va a utilizar una serie de diapositivas. Como anda un poco justo de tiempo, podríamos ayudarle a completar la siguiente, donde compara el cuadro clínico del chagas con el del dengue.

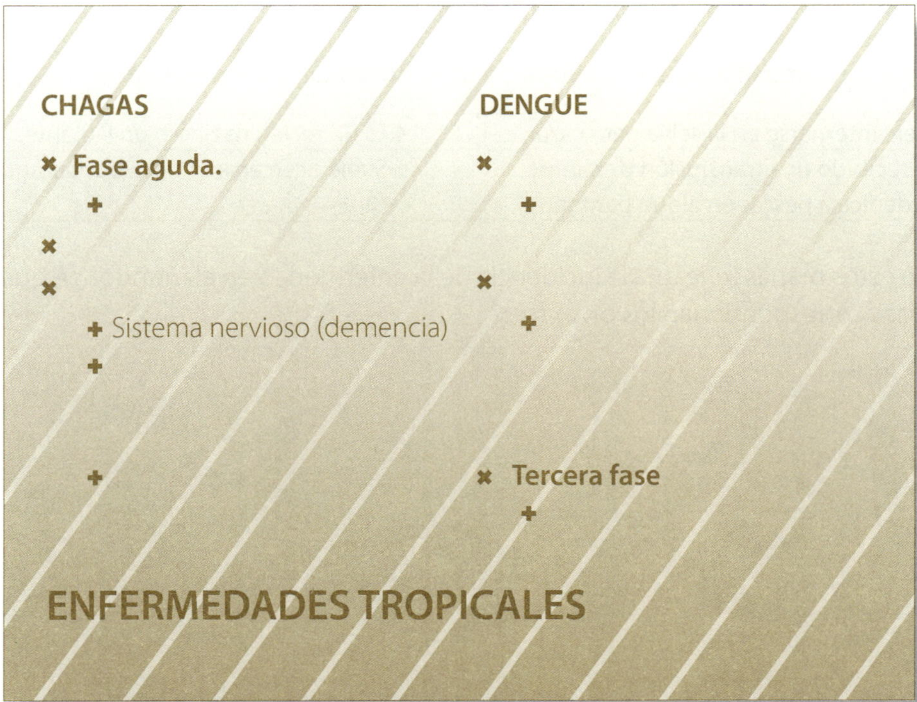

7 | Javier ha pensado que tal vez pueda colaborar con Fernando, el hermano de Marta, mejorando la salud de los niños a los que educa.

a Teniendo en cuenta los datos que Fernando proporciona en su carta, ¿qué enfermedad infecciosa podría afectarles? Justifica tu respuesta.

b ¿Cuál de estos tres insectos la causaría? Marca la imagen correcta.

A 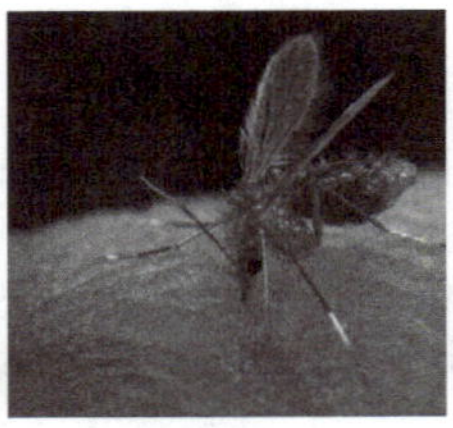 ☐

B  ☐

C 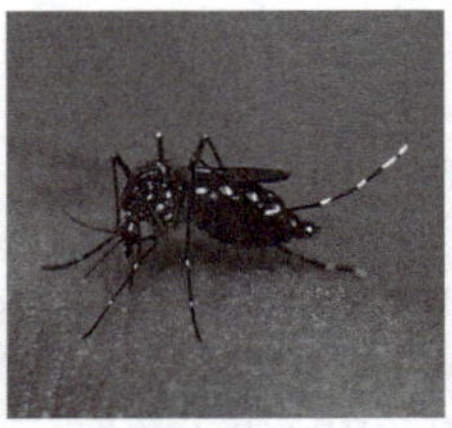 ☐

c Javier pide ayuda en la facultad. Quiere reunir material sanitario que sea útil para combatir esta enfermedad. ¿Qué fármacos debería incluir?

- ☐ a) Benzinidazol, amiodarona, nifurtimox y posaconazol.
- ☐ b) Melarsoprol, suramin, pentamidina y eflornithine.
- ☐ c) Albendazol, dietilcarbamacina e ivermectina.
- ☐ d) Dietilcarbamacina, melarsoprol y benzinidazol.

d Fernando no es médico. ¿Qué signos de alarma deberían ponerle en guardia frente a una posible infección?

1 La presencia de un edema en alguna parte del cuerpo.		**8** Daños en el aparato locomotor.	
2 Tos o estornudos frecuentes.		**9** Alteraciones neurológicas.	
3 Dificultades al tragar.		**10** Rinitis.	
4 Alteraciones en el aparato respiratorio.		**11** Pérdida de peso.	
5 Alteraciones en el aparato cardiovascular.		**12** Dolores musculares.	
6 Dolores articulares.		**13** Trastornos digestivos.	
7 Aparición de granos en la cara, el torso y los brazos.			

e Debería apresurarse a buscar la ayuda de un profesional si además la persona en cuestión…

1 Suele internarse en la selva para cazar.		**4** Es un recién nacido o un lactante.	
2 Ha recibido una transfusión de sangre.		**5** Suele acercarse al río a buscar agua, lavar la ropa, etc.	
3 Se dedica a pescar en algún pantano.			

8 | ¿Cuál de estos mapas reflejaría la incidencia de la enfermedad en el mundo? ¿A qué enfermedades infecciosas corresponderían los otros tres?

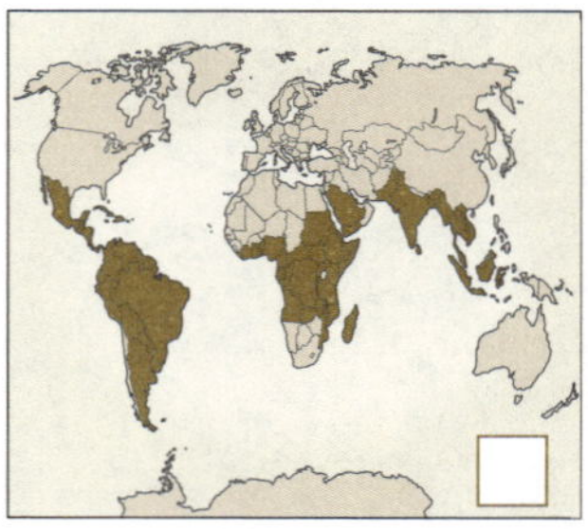 ☐

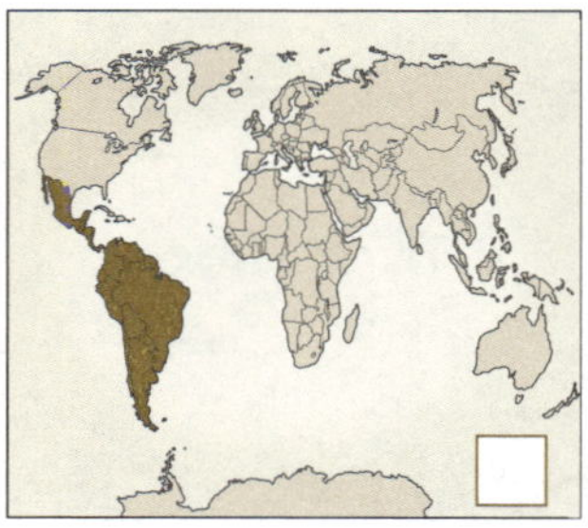 ☐

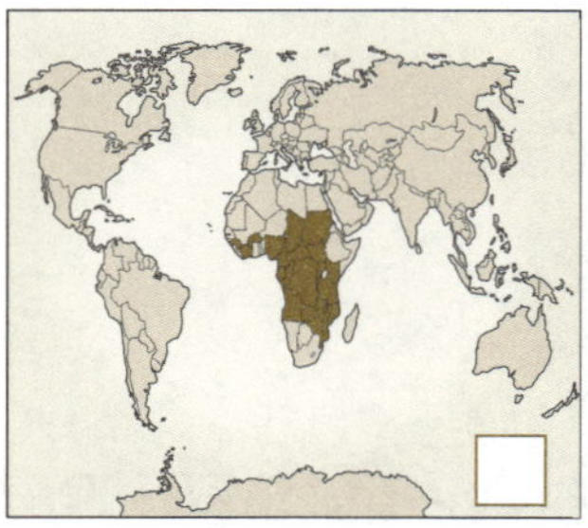 ☐

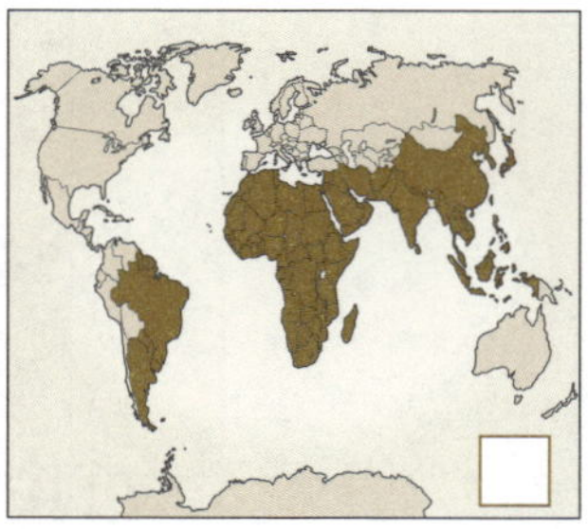 ☐

A ____________________ B ____________________ C ____________________ D ____________________

REFLEXIÓN Y VALORACIÓN DE LA FORMA Y EL CONTENIDO

9 | El texto señala que algunas enfermedades infecciosas están aumentando su resistencia a los fármacos, porque los pacientes no siguen el tratamiento de forma correcta o porque lo interrumpen. En Tailandia, por ejemplo, ya no surten efecto tres de los medicamentos comúnmente empleados contra la malaria. En los países desarrollados, el problema es la automedicación: alrededor de un 30% de los fármacos que se consumen no han sido prescritos por un médico, no curan la dolencia que la persona sufre y solo consiguen que los agentes patógenos 'aprendan la lección' y adquieran defensas frente a futuros tratamientos. Reflexiona sobre el problema de salud pública que se plantearía si los fármacos de los que disponemos dejasen de curar. ¿No deberíamos actuar con mayor responsabilidad?

10 | El texto que acabas de leer emplea un lenguaje científico que se caracteriza por la objetividad (el texto se construye en tercera persona, abundan las oraciones impersonales o pasivas reflejas, se utilizan adjetivos especificativos), la claridad (oraciones breves, paralelismos, repetición de ideas), la universalidad (uso de tecnicismos reconocidos internacionalmente) y la precisión (exactitud de los datos que se manejan). Busca en el texto ejemplos de cada uno de estos rasgos formales.

CONOCIMIENTOS Y DESTREZAS DE LENGUA

11 | Vamos a imaginar que la malaria ha sido erradicada definitivamente. Localiza el párrafo que se dedica a describir esta enfermedad. Reescribe la primera oración pasando los verbos a pretérito perfecto simple. Haz lo mismo con la segunda y con la última cambiando el tiempo de sus verbos a pretérito imperfecto y a pretérito perfecto compuesto respectivamente.

12 | *VIH* es la sigla con la que se conoce el *virus de la inmunodeficiencia humana*. En cambio, la palabra *sida* no se puede considerar sigla, sino un acrónimo (no está formada por las iniciales de la expresión *síndrome de inmunodeficiencia adquirida*, sino por las de cualquiera de sus términos con significado léxico o gramatical), que más tarde se ha lexicalizado. Distingue entre siglas y acrónimos en los siguientes casos.

	SIGLA	**ACRÓNIMO**
a ALADI – Asociación Latinoamericana de Integración		
b ETN- Empresas Transnacionales		
c MERCOSUR – Mercado Común del Cono Sur		
d OCDE – Organización para la Cooperación y el Desarrollo Económico		
e OMS – Organización Mundial de la Salud		
f PNUD – Programa de Naciones Unidas para el Desarrollo		

13 | La tuberculosis «se contagia en condiciones de hacinamiento y falta de salubridad». Explica el significado de los términos subrayados y, si es posible, proporciona un sinónimo.

14 | En el texto aparece la palabra «cánceres» como plural de «cáncer». Observa que la sílaba tónica («can-») no varía, lo que hace que en singular la palabra sea llana y en plural, esdrújula. No siempre ocurre así. ¿Cuál es el plural de las siguientes palabras? ¿Se produce algún desplazamiento en la sílaba tónica?

a carácter		**d** joven	
b examen		**e** régimen	
c espécimen		**f** volumen	

15 | Indica la función sintáctica de los grupos de palabras subrayados.

Hoy miles de personas viven enfermas de tuberculosis en los países en desarrollo.

Escucha el dictado 8 y reprodúcelo en la página 79 del cuaderno.

AUTOEVALUACIÓN: mis resultados

COMPETENCIA EN COMUNICACIÓN LINGÜÍSTICA: COMPRENSIÓN LECTORA

Consulta el solucionario y completa la tabla. El profesor puede ayudarte a evaluar las preguntas 9 y 10.

	ACTIVIDAD										TOTAL			
	1	2	3	4	5	6	7	8	9	10				
PUNTUACIÓN														**A0**
1. Recuperación de información												· 3,33 =		**A1**
2. Interpretación del texto												· 2 =		**A2**
3. Reflexión y valoración de la forma y el contenido												· 5 =		**A3**

COMPETENCIA EN COMUNICACIÓN LINGÜÍSTICA: CONOCIMIENTOS Y DESTREZAS DE LENGUA

Consulta el solucionario y completa la tabla.

	ACTIVIDAD					TOTAL			
	11	12	13	14	15				
PUNTUACIÓN									**B0**
1. Clases de palabras							· 10 =		**B1**
2. Estructura de la palabra							· 10 =		**B2**
3. Relaciones de significado y riqueza léxica							· 10 =		**B3**
4. Corrección ortográfica							· 10 =		**B4**
5. Funciones sintácticas							· 10 =		**B5**

LAS DEMÁS COMPETENCIAS

Con la ayuda del profesor, evalúa el grado de adquisición de las demás competencias. Marca una × donde corresponda.

	Conocimiento e interacción con el mundo físico: conozco e interpreto adecuadamente fenómenos naturales y aplico el pensamiento científico-técnico a la toma de decisiones (actividades 5, 7, 8).
	Competencia social y ciudadana: empleo la lengua con propiedad en las diferentes situaciones de la vida diaria asumiendo deberes, ejerciendo derechos, tomando decisiones, identificando valores, ejerciendo la crítica o resolviendo conflictos de forma constructiva (actividad 9).
	Aprender a aprender: defino correctamente los términos de un problema, manejo la información de que dispongo y busco los elementos y recursos precisos para resolverlo, depurando los errores y sistematizando el proceso de cara al futuro (actividades 4, 6).

PRUEBA DE LECTURA 9 | Es hora de actuar

A lo largo de los últimos meses, Marta y Javier han ido conociendo a otras personas que están dispuestas a trabajar de forma voluntaria en beneficio de los demás, aportando su energía y su tiempo libre. Para ser más eficaces han decidido reunirse y crear una organización que dé cobertura a su labor. El primer paso es celebrar una asamblea para que todos los interesados puedan pronunciarse sobre la naturaleza, los objetivos y los proyectos de la entidad que pretenden fundar.

Escucha atentamente y toma las notas que estimes oportunas para poder contestar las preguntas que se formularán a continuación. Recuerda que, en esta prueba, no podrás volver sobre el texto para buscar los datos que te falten.

COMPRENSIÓN LECTORA

RECUPERACIÓN DE INFORMACIÓN

1 | ¿Cuál es el objetivo de la asamblea?

- [ ] a) Repartir el trabajo que se va a realizar.
- [ ] b) Escuchar las propuestas que cada cual tenga que hacer y tomar nota de ellas.
- [ ] c) Decidir cuál va a ser el perfil y la identidad que tendrán como voluntarios y trazar las líneas maestras de su proyecto.
- [ ] d) Conocerse y tender lazos de amistad.

2 | ¿Quién actúa como moderador?

- [ ] a) Marta, por ser la mejor organizadora.
- [ ] b) Javier, ya que es él quien abre la sesión, organiza los turnos de palabra y toma las notas pertinentes.
- [ ] c) César, por ser el que tiene más experiencia.
- [ ] d) La función de moderador va rotando entre los presentes.

3 | Los asistentes llegan a un acuerdo en cuanto a las líneas de trabajo que desarrollarán. ¿Cuáles son?

- [ ] a) Enfermos y mayores, promoción social y mujer e infancia.
- [ ] b) Jóvenes, infancia, personas con discapacidad.
- [ ] c) Jóvenes, infancia, mujeres, mayores, drogodependientes.
- [ ] d) Jóvenes, infancia, personas con discapacidad, mujeres, mayores.

INTERPRETACIÓN DEL TEXTO

4 | En la asamblea intervienen ocho personas con temperamentos y puntos de vista muy diferentes. Por lo que has escuchado, ¿cuál sería el perfil de cada una de ellas?

a Marta Cano	**1** Impulsivo: no se ajusta a un plan, prefiere improvisar.
b José Cruz	**2** Independiente: trabaja por su cuenta, al margen del equipo.
c Javier del Valle	**3** Afectivo: su objetivo es compartir tiempo con otras personas.
d César Valiente	**4** Conformista: se atiene a las instrucciones que otros marcan.
e Rosa Rodríguez	**5** Organizador: apuesta por programas, protocolos y supervisión.
f Marga Álvarez	**6** Disperso: colabora en distintos proyectos sin rematar ninguno.
g Estela Ruiz	**7** Nostálgico: está anclado en el pasado, le cuesta progresar.
h David Martínez	**8** Comprometido: cree en un equipo coordinado y responsable.

5 | A lo largo de la asamblea se debaten distintos puntos de vista: unos se aceptan y otros se corrigen o se descartan. ¿Cómo se valoran los siguientes? Marca con una **R** los planteamientos que se rechazan, con una **A** los que se aprueban y con una **E** los que se enmiendan.

a Es preciso elaborar un programa de actuación.	
b Alguien deberá asumir la supervisión del trabajo.	
c El proyecto puede funcionar con colaboraciones puntuales.	
d Todos deben participar en el diseño del proyecto y en la toma de decisiones.	
e El proyecto permite compartir tiempo y experiencias con los demás.	
f Es legítimo sacar partido de nuestras habilidades profesionales.	
g En cierto modo, el trabajo del voluntario dispensa al Estado de sus obligaciones sociales.	
h El voluntario trabaja por los demás y, por lo tanto, debe exigir un reconocimiento social.	
i El voluntario debe ser consciente de que su aportación siempre será modesta y limitada, y no va a cambiar la realidad, así evitará frustrarse.	
j Trabajar como voluntario exige una coherencia, su estilo de vida debe estar en sintonía con ciertos valores.	

Céntrate en los planteamientos que se corrigen o se reconducen. ¿En qué sentido se hace?

ASAMBLEA

6 | La diversidad de opiniones y formas de ser no es un obstáculo para la buena marcha de una organización de voluntarios; al contrario, si se gestiona adecuadamente, puede ser una de sus mayores bazas. Ahora que te has familiarizado con los protagonistas del proyecto, ¿quién crees que sería la persona idónea para las siguientes tareas?

TAREAS	ENCARGADO
a Presidir la organización.	
b Coordinar los proyectos.	
c Ocuparse de las tareas administrativas como la contabilidad, la base de datos de los socios, etc.	
d Contactar con otras organizaciones.	
e Encargarse de la comunicación y la sensibilización.	
f Responsabilizarse de los proyectos que tengan que ver con la atención a enfermos y ancianos.	
g Responsabilizarse de los proyectos que tengan que ver con la promoción social.	
h Responsabilizarse de los proyectos que tengan que ver con mujer e infancia.	

7 | Después de haber madurado las ideas que se apuntaron en la reunión inicial, el grupo vuelve a verse al cabo de una semana. En esta ocasión, el propósito es diseñar actividades concretas que den contenido a las tres líneas de trabajo que se habían planteado en un principio. Lee con atención las recogidas en esta lista y marca con una cruz las que se ajustan a los objetivos que se habían definido.

	a Publicar folletos informativos para concienciar a la gente sobre los problemas que existen en su entorno.
	b Realizar actividades de asistencia a ancianos en coordinación con el centro de mayores.
	c Impulsar un programa para la rehabilitación de drogodependientes.
	d Gestionar un ropero para personas sin recursos.
	e Prestar asesoramiento legal a refugiados.
	f Gestionar un centro de apoyo y orientación para inmigrantes.
	g Promover actividades específicas para la población reclusa.
	h Realizar actividades de animación para niños ingresados en el hospital de la zona.
	i Promover proyectos en países en vías de desarrollo.
	j Programas de apoyo y asistencia a enfermos crónicos o terminales.
	k Poner en marcha un servicio de recogida y distribución de alimentos para personas sin recursos.
	l Ofrecer talleres de educación para la igualdad a centros escolares.
	m Abrir un centro ocupacional para discapacitados.
	n Crear un servicio de apoyo y promoción a la mujer.
	ñ Ofrecer un servicio de mediación para conflictos familiares.
	o Estudiar intervenciones puntuales en situaciones críticas de falta de recursos (pago de recibos, medicinas, productos de primera necesidad).

8 | Un mes más tarde, el grupo de Javier y Marta da un paso importante: se constituyen en asociación con el nombre de «Comunidad solidaria». El ayuntamiento les ha cedido un local en la C/ Belén, 5, y subvencionará su proyecto con una cantidad inicial de 1500 €. ¿Podrías encargarte de redactar el acta de constitución de la entidad? Encontrarás toda la información necesaria en los anteriores ejercicios.

ACTA DE CONSTITUCIÓN DE LA ASOCIACIÓN ____________________

Reunidas las personas que se detallan a continuación
(por el orden alfabético de su apellido)

____________________ ____________________
____________________ ____________________
____________________ ____________________
____________________ ____________________

ACUERDAN:

1 Constituir una asociación al amparo del vigente Real Decreto 470/2005, de 12 de mayo, que se denominará ____________________
____________________.

2 Las líneas de trabajo de la asociación serán tres:

a ____________________.
b ____________________.
c ____________________.

3 Para concretar estas líneas de trabajo, la asociación se propone:

a.1. ____________________.
a.2. ____________________.
a.3. ____________________.
b.1. ____________________.
b.2. ____________________.
b.3. ____________________.

c.1. ____________________.
c.2. ____________________.

4 La Asociación impulsará cualquier otra actividad que, a su juicio, contribuya a la consecución de sus fines, dentro del espíritu que anima su fundación, como, por ejemplo, la publicación de ____________________
____________________.

5 El domicilio social radicará en ____________________.

6 La asociación, que al iniciar sus actividades cuenta con un patrimonio de __________, se financiará a través de aportaciones voluntarias, donativos o subvenciones.

7 Para que pueda iniciar su funcionamiento, en este acto se nombran los siguientes cargos:

Presidente: ____________________.
Vicepresidente: ____________________.
Secretaria: ____________________.
Responsable de coordinación con otras organizaciones: ____________________.
Responsable de comunicación: ____________________.
Responsable de proyectos de ____________________: ____________________.
Responsable de proyectos de ____________________: ____________________.
Responsable de proyectos de ____________________: ____________________.

8 La Asociación quedará legalizada a efectos de sus propios fines, una vez sea practicada su inscripción en el Registro Provincial.

REFLEXIÓN Y VALORACIÓN DE LA FORMA Y EL CONTENIDO

9 | En la asamblea, David sugirió que el primer paso que habían de dar era lanzar una campaña de sensibilización a través de periódicos y emisoras de radio, denunciando las situaciones de injusticia que se dan en nuestro entorno. Después de haber practicado la redacción durante un curso entero, creemos que eres la persona idónea para escribir un pequeño texto de denuncia. ¿Qué situación de tu entorno inmediato te gustaría cambiar? Redacta unas líneas para llamar la atención de la gente sobre este problema.

10 | Una asamblea suele estructurarse en cuatro partes: una introducción, en la que el moderador expone el tema que se va a debatir; el debate, donde cada participante manifiesta su opinión y la contrasta con la del resto de los participantes; una conclusión a cargo del moderador, que resume las posturas debatidas y los acuerdos a los que ha llegado la mayoría; y una despedida, que da por finalizado el acto y, en su caso, cita a los asistentes para la siguiente ocasión. ¿Se ha respetado esta estructura formal en la asamblea de Javier, Marta y su grupo? Justifica tu respuesta.

CONOCIMIENTOS Y DESTREZAS DE LENGUA

11 | Indica la categoría gramatical a la que pertenecen las palabras de la oración «Hay colectivos especialmente vulnerables por los que podríamos hacer muchas cosas».

12 | Como sabes, «Marga» es un acortamiento del nombre «Margarita». Hay dos tipos de acortamientos: por eliminación de los fonemas finales, apócope; o bien, por eliminación de los fonemas iniciales, aféresis. ¿Cuál de estos dos fenómenos se ha producido en las siguientes palabras?

a bus		**e** Lolo	
b lápiz		**f** metro	
c foto		**g** profe	
d cine		**h** Lupe	

13 | Explica con tus propias palabras el significado del refrán que utiliza Estela en la asamblea: «Quien mucho abarca, poco aprieta».

14 | Puntúa este texto añadiendo coma, punto y coma, punto, dos puntos, puntos suspensivos o paréntesis donde consideres adecuado.

Antes de poner en marcha una asociación de voluntarios sus promotores deben reunirse para aclarar algunas cuestiones básicas En primer lugar los interesados deben elegir un campo de trabajo medio ambiente ayuda humanitaria ayuda al desarrollo marginación social A continuación deben consensuarse unos estatutos donde se defina el fin de la asociación y se señalen sus principales actividades así como un reglamento de régimen interno que establezca unas normas básicas condiciones que debe cumplir una persona para pertenecer a la asociación forma de elegir a los representantes requisitos para la toma de decisiones modo de financiación a los que tendrán que atenerse todos los miembros

15 | En la oración «Si, por ignorancia o por incompetencia, hiciéramos sufrir a una persona frágil, aunque fuera con la mejor intención, solo lograríamos aumentar su impotencia y su marginalidad»…

- [ ] a) Hay tres proposiciones.
- [ ] b) Hay dos proposiciones.
- [ ] c) Hay cuatro proposiciones.
- [ ] d) Hay una sola proposición, porque no es una oración compuesta, sino simple, como demuestra el hecho de que en su redacción se cierra con un punto.

Escucha el dictado 9 y reprodúcelo en la página 79 del cuaderno.

AUTOEVALUACIÓN: mis resultados

COMPETENCIA EN COMUNICACIÓN LINGÜÍSTICA: COMPRENSIÓN LECTORA

Consulta el solucionario y completa la tabla. El profesor puede ayudarte a evaluar las preguntas 9 y 10.

	ACTIVIDAD										TOTAL			
	1	2	3	4	5	6	7	8	9	10				
PUNTUACIÓN														**A0**
1. Recuperación de información												· 3,33 =		**A1**
2. Interpretación del texto												· 2 =		**A2**
3. Reflexión y valoración de la forma y el contenido												· 5 =		**A3**

COMPETENCIA EN COMUNICACIÓN LINGÜÍSTICA: CONOCIMIENTOS Y DESTREZAS DE LENGUA

Consulta el solucionario y completa la tabla.

	ACTIVIDAD					TOTAL			
	11	12	13	14	15				
PUNTUACIÓN									**B0**
1. Clases de palabras							· 10 =		**B1**
2. Estructura de la palabra							· 10 =		**B2**
3. Relaciones de significado y riqueza léxica							· 10 =		**B3**
4. Corrección ortográfica							· 10 =		**B4**
5. Funciones sintácticas							· 10 =		**B5**

LAS DEMÁS COMPETENCIAS

Con la ayuda del profesor, evalúa el grado de adquisición de las demás competencias. Marca una × donde corresponda.

	Competencia social y ciudadana: empleo la lengua con propiedad en las diferentes situaciones de la vida diaria asumiendo deberes, ejerciendo derechos, tomando decisiones, identificando valores, ejerciendo la crítica o resolviendo conflictos de forma constructiva (actividad 4).
	Aprender a aprender: defino correctamente los términos de un problema, manejo correctamente la información de que dispongo y busco los elementos y recursos precisos para resolverlo, depurando los errores y sistematizando el proceso de cara al futuro (actividad 5).
	Autonomía e iniciativa personal: afronto las tareas con una actitud positiva y demuestro tener un criterio propio a la hora de actuar (actividades 6, 7, 8, 9).

Dictados 1-2

Dictados 5-6

Prueba 1. *Derechos humanos*

1 Respuesta correcta: **b** (1 punto). Resto: sin puntuación.

2 Respuesta correcta: **a** 7, **b** 3, **c** 18, **d** 11, **e** 12, **f** 14, **g** 13, **h** 19, **i** 20, **j** 21, **k** 8, **l** 9, **m** 26, **n** 16, **ñ** 17, **o** 23, **p** 24, **q** 22, **r** 27, **s** 15 (1 punto). Hasta dos errores: 0,5 puntos. Resto: sin puntuación.

3 Se trata del artículo 29, en el que se habla de los deberes y responsabilidades de la persona para con la sociedad y de la limitación de los derechos y libertades del individuo para preservar el bien común (1 punto). Respuesta parcial o reproducción literal del artículo: 0,5 puntos. Resto: sin puntuación.

4 Respuestas correctas: **a** 1 y 2, **b** 3 al 11, **c** 12 al 17, **d** 18 al 21, **e** 22 al 27, **f** 28 al 30 (1 punto). Hasta dos errores: 0,5 puntos. Resto: sin puntuación.

5 Cuadro correcto: 1 punto. Hasta dos errores: 0,5 puntos. Resto: sin puntuación.

GENERACIÓN DE DERECHOS	ÉPOCA	TIPO	PRINCIPIO QUE LOS ORIENTA	ARTÍCULOS DE LA *DUDH* EN LOS QUE SE RECONOCEN
1.ª	s. XVIII	Civiles y políticos	Libertad	Artículos del 13 al 21
2.ª	s. XIX-XX	Económicos, sociales y culturales	Igualdad	Artículos del 21 al 27
3.ª	s. XX-XXI	Solidaridad, cooperación y respeto	Fraternidad	Artículos 1, 2 y del 28 al 30

6 Respuesta correcta: **a** 23, **b** 24, **c** 19, **d** 5, **e** 22, **f** 14, **g** 16, **h** 7, **i** 17 (1 punto). Hasta dos errores: 0,5 puntos. Resto: sin puntuación.

7 Casos para los que el juez es competente (aparecen tachados aquellos sobre los que podría decidir un tribunal ordinario): **a** Torturas y malos tratos a un detenido. **b** ~~Posible error en una multa de tráfico.~~ **c** Legalidad de una detención. **d** ~~Incumplimiento de las normas de una comunidad de vecinos.~~ **e** ~~Apropiación indebida de dinero público por parte de un responsable político.~~ **f** Discriminación por razón de sexo. **g** Derecho de unos padres a decidir sobre la educación de sus hijos. **h** ~~Robo con violencia en un domicilio particular.~~ **i** ~~Tráfico de drogas.~~ **j** Restricciones a la expresión de opiniones o a la libertad de información. **k** Expulsión de un país sin causa justificada. **l** ~~Evasión de impuestos.~~ **m** Confiscación de bienes y expropiaciones.

Veredictos: En el caso número 1 se ha vulnerado el Artículo 13. Toda persona tiene derecho a circular libremente, a elegir su residencia en el territorio de un Estado, a salir de cualquier país y a regresar a su país.

En el caso número 2 se han vulnerado el Artículo 11. Toda persona acusada de delito tiene derecho a que se presuma su inocencia mientras no se pruebe su culpabilidad. Nadie será condenado por actos u omisiones que en el momento de cometerse no fueron delictivos según el Derecho nacional o internacional y el Artículo 12. Nadie será objeto de injerencias arbitrarias en su vida privada, su familia, su domicilio o su correspondencia, ni de ataques a su honra o a su reputación.

Respuesta correcta: 1 punto. Hasta dos errores en cualquiera de los apartados: 0,5 puntos. Resto sin puntuación.

8 El derecho al honor y a la reputación se recoge en el artículo 12; el derecho a la vida, la libertad y la seguridad se recoge en el artículo 3; el derecho de los padres a decidir sobre la educación de sus hijos se recoge en el artículo 26 y la protección de la infancia en el 25; la dignidad de toda persona sin distinción de raza, color, sexo, idioma, religión, opinión política, etc. se recoge en el artículo 2 (1 punto). Un error: 0,5 puntos. Resto: sin puntuación.

9 Respuesta libre. Se valorará que el estudiante demuestre su capacidad para exponer clara y ordenadamente sus ideas, así como los argumentos que aporte para defender su propuesta (1 punto). Si no se justifica la respuesta, se hace de forma vaga o el texto presenta errores de expresión: 0,5 puntos. Resto: sin puntuación.

10 Respuesta libre. Se valorará que el estudiante demuestre su capacidad para exponer clara y ordenadamente sus ideas, así como los argumentos que aporte para defender su propuesta (1 punto). Si no se justifica la respuesta, se hace de forma vaga o el texto presenta errores de expresión: 0,5 puntos. Resto: sin puntuación

11 Respuesta correcta: **d** (1 punto). **b** (0,5 puntos). Resto: sin puntuación.

12 Los diptongos «ie», «ue» aparecen en sílaba tónica: «tierra» y «promuevan»; las vocales «e», «o», en sílaba átona: «desterrado» y «promover». Esta distribución explica la variación lexemática a la que hace referencia el enunciado (1 punto). Respuesta vaga o imprecisa: 0,5 puntos. Resto: sin puntuación.

13 **a** propia, esencial, natural, consustancial, característica. **b** propios, privativos, irrenunciables, intransferibles, inmutables, permanentes. **c** cordialmente, como hermanos. **d** de forma ilegal, injusta, gratuita, caprichosa, contraria a las normas. **e** retribución, salario justo y proporcionado al trabajo o al rendimiento (1 punto). Un error: 0,5 puntos. Resto: sin puntuación.

14 Se trata de palabras homófonas: el verbo «ingerir» significa 'introducir algo en el estómago por la boca'; el verbo «injerir» significa 'unir un brote a una planta' e «injerirse», de donde procede «injerencia», significa 'entrometerse o intervenir en un asunto ajeno' (1 punto). Respuesta vaga o imprecisa: 0,5 puntos. Resto: sin puntuación.

15 Respuesta correcta: **a** (1 punto). Resto: sin puntuación.

Dictado 1. Para su valoración, hay que tener en cuenta los baremos de la última página del solucionario.

Las tres generaciones de derechos humanos

En la historia de los derechos humanos suelen distinguirse tres fases. Los pensadores liberales de los siglos XVII y XVIII sentaron las bases para lo que se ha dado en llamar derechos de primera generación, de corte civil y político: la libertad, la seguridad, las garantías procesales, el derecho al voto y a la propiedad. Los derechos de segunda generación responden a las exigencias de los movimientos obreros que nacieron en el siglo XIX reclamando una protección contra el desempleo, un salario mínimo, descanso, educación, sanidad y una vivienda digna. Los más recientes, los derechos de tercera generación, se han desarrollado en nuestra época impulsados por los organismos internacionales, entre ellos se encuentran el derecho a vivir en paz, a tener un medio ambiente no contaminado, los derechos de los niños, los emigrantes, las minorías étnicas y religiosas.

Prueba 2. *Conflictos del siglo XXI*

1 Respuesta correcta: **a.** Son en total 35 países (1 punto). Resto: sin puntuación.

2 Respuesta correcta: La Autoridad Nacional Palestina (1 punto). Resto: sin puntuación.

3 Respuesta correcta: **b.** Hay 36 conflictos abiertos (1 punto). Resto: sin puntuación.

4 **a** En África y Asia. **b** En América, Europa y Oceanía. **c** Series correctas: África subsahariana: Los países del continente africano a excepción de aquellos que limitan con el mar Mediterráneo. / América del Norte: Alaska, Canadá, Estados Unidos y México. / Balcanes: Albania, Bosnia y Herzegovina, Bulgaria, Croacia, República de Macedonia, Montenegro, Rumanía y Serbia. / Centroamérica: Guatemala, Belice, Honduras, El Salvador, Nicaragua, Costa Rica y Panamá. / Centroeuropa: Suiza, Alemania, Liechtenstein, Austria, Hungría, Polonia, República Checa, Eslovenia y Eslovaquia. / China y Asia-Pacífico: China, Japón, Corea del Sur, Taiwán. / Cuerno de África: Somalia, Yibuti, Eritrea, Etiopía y Yemen. / Indochina-Malasia: Camboya, Vietnam, Laos, Myanmar, Tailandia, Filipinas. / Latinoamérica: Las 18 naciones hispanoamericanas, más Brasil y Haití. / Magreb: Marruecos, Argelia, Túnez, Libia, Sáhara Occidental y Mauritania. / Oriente Medio: Irán, Iraq, Afganistán, Pakistán. / Oriente Próximo: Turquía, Israel, Líbano, Siria, Jordania, Cisjordania, Gaza y Egipto. / Países bálticos: Estonia, Letonia y Lituania. / Países de la Europa mediterránea: Península Ibérica, Itálica, Balcánica. / Países del Cono Sur: Argentina, Chile y Uruguay. / Países escandinavos: Noruega, Suecia y Dinamarca. / Repúblicas rusas del Cáucaso: Chechenia, Daguestán, Ingushetia y Kabadino-Balkaria. / Sudeste asiático – India y su zona de influencia.
Las zonas en las que se concentran los conflictos son: África subsahariana, Cuerno de África, Indochina-Malasia, Magreb, Oriente Medio, Oriente Próximo, Repúblicas rusas del Cáucaso y Sudeste Asiático. Respuestas correctas: 1 punto. Hasta tres errores en las preguntas o en las series: 0,5 puntos. Resto: sin puntuación.

5 Las zonas en conflicto coinciden casi de forma exacta con las menos desarrolladas del planeta, por lo que habría que vincular desarrollo socioeconómico y paz (1 punto). Respuesta parcial o imprecisa: 0,5 puntos. Resto: sin puntuación.

6 Índice de conflictos: **A** Israel-Autoridad Nacional Palestina, República Democrática del Congo, Burundi, Ruanda, Uganda, Angola, Namibia y Zimbabue. **B** Afganistán, Costa de Marfil, Iraq, República Centroafricana, Siria y Somalia. **C** Argelia, Malí, Mauritania, Níger, Colombia. **D** Myanmar, Etiopía, Federación Rusa, Irán, Tailandia, Malasia, Turquía y Uganda. A-B-D. Chad. A-C-D. India. A-D. Nigeria y Sudán. C-D: Filipinas, Pakistán y Yemen.
El conflicto más frecuente a nivel mundial es el de tipo **D**: enfrentamientos por identidad nacional, étnica o religiosa.

7 Cronología de conflictos: 1900 Tailandia y Malasia // 1946 Irán. 1947 India. 1947 Israel-Autoridad Nacional Palestina. 1947 Pakistán. 1948 Myanmar // 1960 Nigeria. 1964 Colombia. 1969 Filipinas // 1973 Etiopía. 1979 Afganistán. // 1984 Turquía. 1986 Uganda. 1988 Somalia. // 1991 Federación Rusa. 1992 Argelia, Malí, Mauritania y Níger. 1996 República Democrática del Congo, Burundi, Ruanda, Uganda, Angola, Namibia y Zimbabue. // 2002 República Centroafricana. 2003 Iraq. 2003 Sudán. 2004 Chad. 2004 Yemen. // 2010 Costa de Marfil. 2011 Siria.
a Los conflictos iniciados en los años cuarenta se centran en Asia. **b** A partir de los años setenta, el foco de conflictos se desplaza a África. Respuesta correcta: 1 punto. Hasta dos errores en cualquiera de los apartados: 0,5 puntos. Resto sin puntuación.

8 La comparación entre la cronología de los conflictos y las fechas de independencia pone de manifiesto que la descolonización es un factor de inestabilidad. La descolonización de Asia en los años cuarenta coincide con el inicio de conflictos en Irán, India, Israel, Palestina, Pakistán o Myanmar. La descolonización en África en los años sesenta inaugura en la siguiente década una larga época de conflictos en Etiopía, Uganda, Somalia, Argelia, Malí, Mauritania, Níger, Congo, Burundi, Ruanda, Uganda, Angola, Namibia, Zimbabue, República Centroafricana, Sudán, Chad y Costa de Marfil, que llegan hasta nuestros días. Respuesta correcta: 1 punto. Respuesta parcial o imprecisa: 0,5 puntos. Resto: sin puntuación.

9 Respuesta libre. Se valorará que el estudiante demuestre su capacidad para exponer clara y ordenadamente sus ideas, así como los argumentos que aporte para defender su propuesta (1 punto). Si no se justifica la respuesta, se hace de forma vaga o el texto presenta errores de expresión: 0,5 puntos. Resto: sin puntuación.

10 Respuesta libre. Se valorará que el estudiante demuestre su capacidad para exponer clara y ordenadamente sus ideas, así como los argumentos que aporte para defender su propuesta (1 punto). Si no se justifica la respuesta, se hace de forma vaga o el texto presenta errores de expresión: 0,5 puntos. Resto: sin puntuación

11 Respuesta correcta: En la oración, «más» funciona como adverbio modificando al adjetivo «rica» (1 punto). Resto: sin puntuación.

12 terra- (lexema) -ten- (lexema) -iente (morfema derivativo sufijo) -s (morfema flexivo de número). El diptongo «ie» que aparece en «tierra» desaparece en el compuesto al desplazarse el acento, la variación lexemática se produce por la distribución de «ie» en sílaba tónica y «e» en sílaba átona (1 punto). Respuesta parcial: 0,5 puntos. Resto: sin puntuación.

13 Respuesta correcta: **a** argelino, **b** etíope, **c** iraquí, **d** nigeriano, **e** tailandés (1 punto). Un error: 0,5 puntos. Resto: sin puntuación.

14 Respuesta correcta: Lo correcto es escribir «mar Mediterráneo», ya que los nombres comunes genéricos que acompañan a los nombres propios geográficos no exigen la mayúscula. Ocurre lo mismo en «delta del Níger», que aparece en el texto (1 punto). Respuesta parcial: 0,5 puntos. Resto: sin puntuación.

15 Respuesta correcta: Es una oración pasiva refleja cuyo sujeto es «una guerra entre las Fuerzas Armadas y guerrillas islamistas» (1 punto). Resto: sin puntuación.

Dictado 2. Para su valoración, hay que tener en cuenta los baremos de la última página del solucionario.

Construir la paz

Una de las más altas aspiraciones del ser humano es la paz. Siendo así, ¿por qué existen conflictos? ¿Por qué somos incapaces de convivir en armonía? La paz depende directamente de principios como la igualdad, la justicia, la tolerancia, la solidaridad y la cooperación. Cuando los intereses particulares triunfan sobre estos valores, la paz se quiebra y surge la violencia. Los vertiginosos cambios sociales que se han producido a nivel mundial en los últimos años, el proceso de globalización, los flujos migratorios, nos han obligado a variar el enfoque que hasta ahora se daba a este problema. En la actualidad, se hace hincapié en la convivencia entre culturas dentro de un marco general en el que se integran aspectos como los derechos humanos, la legislación nacional e internacional, el desarrollo sostenible, las políticas de integración o la mediación como estrategia para resolver conflictos.

Prueba 3. *Corre la voz*

1 Respuesta correcta: **a** Hay 343 personas que siguen la página habitualmente. **b** Tres personas la están siguiendo en este momento. **c** Hasta la fecha se han publicado 115 mensajes (1 punto). Un error: 0,5 puntos. Resto: sin puntuación.

2 Para suscribirse a «Solidarios» habría que proporcionar el nombre completo, un correo electrónico y una contraseña (1 punto). Resto: sin puntuación.

3 El lema de «Solidarios» es *Queremos construir una sociedad libre y más justa*. El logotipo que han escogido es un grupo de chicos que sostienen una pancarta con el lema. (1 punto). Un error: 0,5 puntos. Resto: sin puntuación.

4 El administrador de «Solidarios» ofrece fundamentalmente noticias que tienen como tema la solidaridad, la justicia, la igualdad. Cuadro y respuesta correcta: 1 punto. Un error en cualquiera de ambos: 0,5 puntos. Resto: sin puntuación.

CATEGORÍAS	MENSAJES
NOTICIAS	Solidarios@Solidarios Cada año 536.000 mujeres mueren por complicaciones del embarazo o el parto. El 99% de estas muertes ocurren en países en desarrollo. Solo la mitad de la población de los países en desarrollo tiene acceso a servicios sanitarios básicos. El 10% de la población mundial disfruta del 70% de la riqueza. Todavía hay 900 millones de personas en el mundo sin acceso a agua potable.
COMENTARIOS Y CONVERSACIONES	javierdelvalle@teescucho Todos podemos aportar tiempo y creatividad para mejorar el mundo.
PROMOCIÓN DE INICIATIVAS	marta.cano@cooperacion Cena del hambre. Apoya esta iniciativa en las redes sociales.
CURIOSIDADES Y HUMOR	alfonso.ruiz@alfonso.ruiz Cuando naces, eres rosa; cuando creces, blanco; cuando tomas el sol, rojo; cuanto tienes frío, azul… ¿Y dices que yo soy «de color»?
CHARLA INSUSTANCIAL	an@liza Si quieres ser feliz como dices, no analices, muchacho, no analices…
PUBLICIDAD Y *SPAM*	Viajes@Economicos Vuelos económicos a África, Asia y a todos los países de Latinoamérica. Elige ya tu destino en www.viajes.economicos.com.

5 Respuesta correcta: **a** Como media se publican tres mensajes al día. **b** Atendiendo a esta media, «Solidarios» llevaría abierto 40 días. Como el último mensaje se ha publicado el 16 de diciembre, se habría inaugurado el 7 de noviembre. **c** El mensaje más reciente fue enviado a las 17:32 y es el primero de ese día, por lo que parece lógico pensar que los usuarios suelen conectarse por la tarde (1 punto). Un error: 0,5 puntos. Resto: sin puntuación.

6 Según la página, estamos a mediados de diciembre, por lo que la mayoría de la gente se interesa por temas propios de estas fechas: celebraciones de Navidad, regalos, decoración de la casa, vacaciones, actividades de ocio.
Los temas se distribuirían de la siguiente manera: Ideas para celebrar las fiestas - Sorprende en Navidad, Tarjetas originales, Fiesta de nochevieja, Menús navideños, Decora tu hogar, Perfumes y más. Ocio y tiempo libre – Ocio con niños, Deporte en la nieve. Tópicos recurrentes en estas fecha – El gordo toca aquí, Dietas a tu medida (1 punto). Un error en cualquier apartado, respuesta vaga o sin justificar: 0,5 puntos. Resto: sin puntuación.

7 Respuestas correctas: **1**c, **2**b, **3**c, **4**c, **5**a, **6**b, **7**a (1 punto). Un error: 0,5 puntos. Resto: sin puntuación.

8 Se trata de marta.cano@cooperacion. **a** El elemento que incorpora es la etiqueta «Abrir», que servirá de enlace para ampliar la información. **b** Los mensajes de los *microblogs* admiten entre 140 y 160 caracteres, si la información que debemos comunicar ocupa más espacio debemos emplear recursos como este (1 punto). Si falta algún dato, no se justifica la respuesta o se hace de forma vaga: 0,5 puntos. Resto: sin puntuación.

9 Respuesta libre. Se valorará que el estudiante demuestre su capacidad para exponer clara y ordenadamente sus ideas, así como los argumentos que aporte para defender su propuesta (1 punto). Si no se justifica la respuesta, se hace de forma vaga o el texto presenta errores de expresión: 0,5 puntos. Resto: sin puntuación.

10 Se valorará que el mensaje no sobrepase los 160 caracteres y se adapte a las corrientes y tendencias sociales del momento, emplee algún recurso para acercarse al lector y buscar su complicidad, su identificación, que haya una implicación personal, contenidos relevantes y prácticos, ideas nuevas, frescas (1 punto). Si el texto aplica estos criterios, pero presenta incorrecciones o errores de enfoque: 0,5 puntos. Textos que no se adapten a estos requisitos formales: sin puntuación.

11 Respuesta correcta: **c** (1 punto). Resto: sin puntuación.

12 El adjetivo «latinoamericano» es una palabra parasintética: su base es el compuesto «Latinoamérica» al que se añade un morfema derivativo, el sufijo -ano (1 punto). Resto: sin puntuación.

13 Combinaciones correctas: abrigar esperanza, abrirse mercado, desatar indignación, ganar terreno, insuflar vitalidad, limar asperezas, marcar diferencias, oponer resistencia, pasar página, rezumar ternura, sentar cátedra, soltar adrenalina (1 punto). Hasta dos errores: 0,5 puntos. Resto: sin puntuación.

14 Acentuación correcta: **a** lavaplatos, **b** histórico-filosófico, **c** siéntate, **d** deme, **e** sanamente, **f** vaivén, **g** pintauñas, **h** ágilmente, **i** videojuego, **j** decimosexto, **k** donjuán, **l** ganapán (1 punto). Un error (0,5 puntos). Resto: sin puntuación.

15 Se trata de una oración impersonal y, por lo tanto, sin sujeto. Lo que a algunos estudiantes les puede parecer sujeto: «900 millones de personas», es en realidad el CD (1 punto). Resto: sin puntuación.

Dictado 3. Para su valoración, hay que tener en cuenta los baremos de la última página del solucionario.

Reclamar lo que es justo

En distintos puntos del planeta se están levantando voces que exigen una distribución más justa de la riqueza y un aumento de las inversiones en políticas de desarrollo. Este hecho pone de manifiesto que poco a poco va despertando la conciencia de una ciudadanía global responsable y participativa. El desarrollo de las tecnologías de la información y la comunicación contribuye a ello de una forma muy significativa, poniendo en contacto a personas de países y culturas muy distintas que, sin embargo, tienen algo en común: critican las decisiones de los gobiernos de los países industrializados y la actuación de los grupos económicos más influyentes, cuyo objetivo es la obtención de beneficios, la acumulación de capital y el control de los mercados, en lugar de fomentar una economía al servicio del ser humano, que genere bienestar para todos.

Prueba 4. *La cena del hambre*

1 Respuestas correctas: **b** y **c** respectivamente (1 punto). Un error: 0,5 puntos. Resto: sin puntuación.

2 Hay cincuenta y ocho países y esperamos ese mismo número de comensales (1 punto). Resto: sin puntuación.

3 Javier recibe 35 dólares y Marta 10 dólares. Un error: 0,5 puntos. Resto: sin puntuación.

4 Respuestas correctas: **a** Pueden comer Suiza, Kuwait, Australia, Dinamarca, Suecia, Canadá, Austria, Finlandia, Estados Unidos, Bélgica, Japón, Emiratos Árabes Unidos, Alemania, Francia, Reino Unido, Italia, España, Israel, Portugal. **b** De los 19 países, la mayoría (12) son europeos. **c** Australia podrá adquirir 3 cestas de comida y le sobrarán 32 $. España podrá adquirir 1 cesta de comida y le sobrarán 43 $. Japón podrá adquirir 2 cestas de comida y le sobrarán 36 $. Suiza podrá adquirir 5 cestas de comida y le sobrarán 3 $ (1 punto). Un error en cualquier de los apartados: 0,5 puntos. Resto: sin puntuación.

5 Respuesta correcta: **B**, **C**, **B**, **A**, **C**, **A** (1 punto). Un error: 0,5 puntos. Resto: sin puntuación.

6 Renta diaria de 7 $: Bolivia – **C**. Renta diaria de 6 $: Filipinas, Honduras – **G**. Renta diaria de 5 $: India, Nicaragua – **B**. Renta diaria de 4 $: Nigeria, Sudán, Vietnam, Yemen – **E**. Renta diaria de 3 $: Costa de Marfil, Pakistán – **A**. Renta diaria de 2 $: Afganistán, Bangladés, Camboya, Chad, Guinea, Haití, Kenia, Malí, Ruanda, Zimbabue – **D**. Renta diaria de 1 $: Etiopía, Níger, República Centroafricana, República Democrática del Congo, Uganda – **F**. (1 punto). Hasta dos errores: 0,5 puntos. Resto: sin puntuación.

7 Las seis cestas y media son las que dejaron los países ricos después de comprar sus lotes (véase el apartado **c** del ejercicio 4). **a** Cada cesta aporta 1572 kcal (500 g de tortilla – 1000 kcal, 125g de pan – 312 kcal, 500 ml de refresco – 260 kcal), suficientes para tres personas. **b** Los más ricos han ingerido 968 kcal (250 g de tortilla – 500 kcal, 2/3 del pan – 208 kcal, 500 ml de refresco – 260 kcal). **c** El representante de Etiopía ha consumido 10 g de tortilla - 20 kcal, 10 ml de refresco – 5,2 kcal, y 3 g de pan – 7,48 kcal, lo que supone un total de 32,68 kcal. **d** Tenemos 40,5 tortillas, 37,5 panes y 31,5 refrescos; teniendo en cuenta que hubo 39 países que no pudieron comer en el primer turno hay comida más que de sobra. Respuesta correcta: 1 punto. Hasta tres errores: 0,5 puntos. Resto: sin puntuación.

8 América del Norte y Europa Occidental están por encima de la media; África, Latinoamérica y Asia están por debajo. Todo parece indicar que los países más desarrollados son también los que consumen más agua (1 punto). Si falta algún dato, no se justifica la respuesta o se hace de forma vaga: 0,5 puntos. Resto: sin puntuación.

9 Respuesta libre. Se valorará que el estudiante demuestre su capacidad para exponer clara y ordenadamente sus ideas, así como los argumentos que aporte para defender su propuesta (1 punto). Si no se justifica la respuesta, se hace de forma vaga o el texto presenta errores de expresión: 0,5 puntos. Resto: sin puntuación.

10 La tabulación alfabética es muy útil para los ejercicios 3, 4 c, 5 y 7, donde se pregunta sobre países concretos; en cambio, cuando se trata de agrupar o comparar países sería más interesante manejar una tabla ordenada según los datos numéricos (1 punto). Si no se justifica la respuesta o se hace de forma vaga: 0,5 puntos. Resto: sin puntuación.

11 «República» y «Congo» son sustantivos, «Democrática» es adjetivo y «del» es un artículo contracto (1 punto). Un error: 0,5 puntos. Resto: sin puntuación.

12 Respuesta correcta: **a** mensual, **b** bimensual, **c** trimestral, **d** cuatrimestral, **e** semestral, **f** anual, **g** bianual, **h** quinquenal (1 punto). Un error: 0,5 puntos. Resto: sin puntuación.

13 Respuesta correcta: **a** afgano, **b** danés, **c** finlandés o finés, **d** guatemalteco, **e** haitiano, **f** nicaragüense, **g** británico, **h** congoleño (1 punto). Un error: 0,5 puntos. Resto: sin puntuación.

14 La forma «Irak» se considera correcta, pero el único gentilicio válido es «iraquí» (1 punto). Un error (0,5 puntos). Resto: sin puntuación.

15 Respuesta correcta: **a** (1 punto). Resto: sin puntuación.

Dictado 4. Para su valoración, hay que tener en cuenta los baremos de la última página del solucionario.

Un planeta sediento

El agua es un elemento básico para la vida humana. Una persona puede soportar el hambre durante meses, pero no podría pasar sin beber más de un par de días, porque los sistemas de su organismo comenzarían a fallar. La demanda de agua es de unos 2,3 litros por individuo y día; en los climas cálidos esta cifra puede elevarse hasta los 3,3 litros. Además hay que tener en cuenta que el agua es esencial para el desarrollo de la agricultura y para la mayoría de las actividades industriales. Un pueblo sin agua queda condenado automáticamente al hambre y al subdesarrollo. Tampoco hay que olvidar que el 85% de las enfermedades que sufre la población de los países empobrecidos tienen que ver con la dudosa salubridad del agua que se consume. Hasta ahora nos hemos enfrentado a crisis alimentarias; ahora, en cambio, se empieza a hablar de la crisis del agua: ¿cómo dar de beber a un planeta sediento?

Prueba 5. *El niño John, el niño Juan*

1 Respuestas correctas: **a** El niño John no es el niño Juan. **b** El poema consta de 9 versos (0,5 puntos). **c** Los versos no tienen rima ni medida regular, son versos libres (1 punto). Un error: 0,5 puntos. Resto: sin puntuación.

2 Respuesta correcta: El vendedor de sandías y la madre de cada niño. Un caballito de mar, mariposas y pájaros (1 punto). Un error: 0,5 puntos. Resto: sin puntuación.

3 Respuesta correcta: **a** John, **b** John, **c** John y Juan, **d** Juan, **e** John y Juan, **f** Juan, **g** Juan, **h** John, **i** John (1 punto). Un error: 0,5 puntos. Resto: sin puntuación.

4 **a** Su transparencia. **b** Las estrellas y la luna forman parte del mismo cielo; las manos y los dedos forman parte de la misma extremidad. **c** El sueño del niño John. **d** Los verbos comparten el mismo sujeto, «Los ojos del niño John y los ojos del niño Juan»; comparten el mismo complemento directo, «las mismas cosas», en el primer caso, «los mismos pájaros», en el segundo; el adjetivo que complementa a «cosas» y «pájaros» es «mismo». El adverbio que introduce el contraste es «no»; sin prescindimos de él la oposición desaparece y los niños se identifican por completo. **e** El análisis pone de manifiesto que las diferencias entre el niño John y el niño Juan no son tan grandes: sus ojos, sus párpados, sus manos, sus dedos… son los mismos; los contrastes aparecen en el mundo que los rodea (1 punto). Respuesta correcta: 1 punto. Un error: 0,5 puntos. Resto: sin puntuación.

5 Tipo A_1. «Bajo los párpados del niño John la sed es un caballito de mar que vale dos dólares. / Bajo los párpados del niño Juan aletean las mariposas negras del vendedor de sandías». Tipo A_2. «Los ojos del niño John y los ojos del niño Juan no ven las mismas cosas en el fondo del lago». // «Los ojos del niño John y los ojos del niño Juan no miran a los mismos pájaros que tiemblan en la oscuridad». Tipo B. «El niño John tiene un martillo de cristal, el niño Juan tiene una nuez transparente. / Las manos del niño John cuentan las semillas de las estrellas, los dedos del niño Juan juegan con la chapa de la luna nublada». Tipo C_1. «El niño John trae a su madre el declive de la montaña. / El ruido del río, la perla de granizo le trae el niño Juan». Tipo C_2. «Cuando se hace de noche la sombra del niño John sueña que es la sombra del niño Juan cuando se ha hecho de día». **a** El paralelismo de tipo B. **b** Un paralelismo de tipo A_2. **c** La primera parte presenta paralelismos de tipo A; la segunda parte, de tipo C. Estos datos, unidos a los anteriores ponen de manifiesto una simetría que se desarrollaría en varios planos de acuerdo con la secuencia: A_2 A_1 B A_2 C_2 C_1. Respuesta correcta: 1 punto. Hasta dos errores: 0,5 puntos. Resto: sin puntuación.

6 **a** Podría servirle como juguete o como adorno, como decoración. **b** El niño Juan no puede gastar dos dólares en un objeto suntuario, su realidad es la que representa el vendedor de sandías, la realidad de quien necesita ese dinero para comer. **c** Ni las semillas ni las estrellas se pueden contar; la chapa y la luna brillan en la oscuridad de la noche. **d** Las semillas suponen cosechas y, por lo tanto, alimento; la chapa se puede utilizar como material de construcción. Son realidades inmediatas, que tienen que ver con las necesidades presentes del niño Juan: la comida y la vivienda. La luna y las estrellas evocan la ilusión, los sueños, los proyectos que constituyen el futuro del niño John. Respuesta correcta: 1 punto. Un error: 0,5 puntos. Resto: sin puntuación.

7 En realidad, los dos niños tienen el mismo nombre: el primero, en su versión anglosajona, lo que nos permite situarlo en el mundo desarrollado; el segundo, en su versión castellana, lo que le identifica como hispano y evoca en el lector la pobreza y la marginación que sufre este colectivo en buena parte del mundo. Respuestas que vayan en esta línea: 1 punto. Resto: sin puntuación.

8 **John:** Hogar – Vive en un piso luminoso, con calefacción, suelo de madera y lleno de juguetes. / Aseo – Toma un baño cada día, dispone de todo tipo de cremas y perfumes. / Padre – Su padre se ha tomado unos días libres para que la madre pueda descansar tras el parto. // **Juan:** Nacimiento – Llega al mundo en una choza con suelo de cemento y techo de chapa. El alumbramiento lo atiende una partera. / Dieta - El maíz es la base de su alimentación. / Madre – Tres días después del parto, su madre vuelve a trabajar en su pequeño huerto, donde cultiva maíz y alubias. / Escuela – La educación es un lujo que la familia no se puede permitir. / Esperanza de vida – Si todo va bien, podría llegar a vivir 68 años. Series correctas: 1 punto. Hasta dos errores: 0,5 puntos. Resto: sin puntuación.

9 Respuesta libre. Se valorará que el estudiante demuestre su capacidad para exponer clara y ordenadamente sus ideas, así como los argumentos que aporte para defender su propuesta (1 punto). Si no se justifica la respuesta, se hace de forma vaga o el texto presenta errores de expresión: 0,5 puntos. Resto: sin puntuación.

10 Se valorará que el estudiante relacione los fragmentos – texto expositivo – con la objetividad, la precisión y la claridad, y el poema – texto literario – con la riqueza de sugerencias (1 punto). Si no se justifica la respuesta, se hace de forma vaga o el texto presenta errores de expresión: 0,5 puntos. Resto: sin puntuación.

11 No hay adjetivos, adverbios ni interjecciones. Respuesta correcta: 1 punto. Un error: 0,5 puntos. Resto: sin puntuación.

12 Actúa como lexicalizador, formando una nueva palabra. Lo mismo ocurre con «cigarrillo» u «octavilla», donde el sufijo ha perdido su valor diminutivo. Los tres términos aparecen recogidos en el diccionario. Respuesta correcta: 1 punto. Si no se justifica la respuesta o se hace de forma vaga: 0,5 puntos. Resto: sin puntuación.

13 Todos coincidimos en que no es <u>lícito</u> aprovecharse de la debilidad de otro para obtener un beneficio. A pesar de ello, los intereses de los poderosos suelen prevalecer por encima de la justicia con el <u>tácito</u> consentimiento de la comunidad internacional. En este sentido, poemas como este me parecen <u>encomiables</u>. Con un estilo sobrio y expresiones <u>lacónicas</u>, el texto denuncia las actitudes inmovilistas y <u>cerriles</u>, y apuesta por un futuro más humano que se vislumbra en la hermosa imagen <u>onírica</u> del último verso. Texto correcto: 1 punto. Hasta dos errores: 0,5 puntos. Resto: sin puntuación.

14 **a** trastienda, **b** transoceánico, **c** trasnochar, **d** trastocar, **e** trasplante, **f** transferir, **g** traspié, **h** transformar, **i** traspapelar, **j** trastorno. Respuesta correcta: 1 punto. Un error: 0,5 puntos. Resto: sin puntuación.

15 Respuesta correcta: <u>La perla de granizo</u> <u>le</u> <u>trae</u> <u>el niño Juan</u> (1 punto). Resto: sin puntuación.
CD CI V Sujeto

Dictado 5. Para su valoración, hay que tener en cuenta los baremos de la última página del solucionario.

Los derechos de los niños

Todos los niños y niñas deben tener los mismos derechos sin distinción de sexo, color, religión o condición económica. Deben disponer de todos los medios necesarios para crecer física, mental y espiritualmente, en condiciones de libertad y dignidad. Tienen derecho a disfrutar de una buena alimentación, de una vivienda digna y de una atención sanitaria especial. Han de recibir el amor y la comprensión de sus padres y crecer bajo su responsabilidad. La sociedad debe preocuparse de los niños y niñas sin familia. Los niños y niñas tienen derecho a la educación, a la cultura y al juego. Debe garantizarse su seguridad ante cualquier tipo de amenaza o peligro. Deben estar protegidos contra cualquier forma de explotación y abandono. Han de ser educados en un espíritu de comprensión, paz y amistad, y han de estar protegidos contra el racismo y la intolerancia.

Prueba 6. *Objetivos del milenio*

1 El documento especifica 8 objetivos y 18 metas. Los objetivos que se resuelven en una sola meta son el 2, 3, 4 y 5; mientras que el 1, 6, 7 y 8 implican varios. Respuesta correcta: 1 punto. Un error: 0,5 puntos. Resto: sin puntuación.

2 **a** 2015, **b** 1990-2015, **c** 2020, **d** 2005. El único objetivo para el que no se fija fecha es el 8. Respuesta correcta: 1 punto. Un error: 0,5 puntos. Resto: sin puntuación.

3 **a**F, **b**F, **c**V, dV, eF, fF, gV, hV, iF, jF, kF, lF (1 punto). Hasta dos errores: 0,5 puntos. Resto: sin puntuación.

4 Empezando por el más ambicioso, los retos, con su gráfico correspondiente, serían: Eliminar (B), Reducir en tres cuartos (A), Reducir en dos terceras partes (D), Reducir a la mitad (E), Comenzar a reducir (C). Respuesta correcta:1 punto. Un error al ordenar las acciones o adscribirles un gráfico: 0,5 puntos. Resto: sin puntuación.

5 **a** Sí, hay dos: Sudeste Asiático y Asia Oriental. **b** No, en la Comunidad de Estados Independientes (ex URSS), Asia, la cifra de personas que viven con menos de 1,25 dólares al día no disminuye, sino que aumenta. **c** Asia Meridional, tanto si incluimos la India como si la excluimos. **d** Creció un 28% (1 punto). Un error: 0,5 puntos. Resto: sin puntuación.

6 **a** Se relaciona con el objetivo 4. La mejora supone 4.400.000 fallecimientos menos. Implica un descenso del 36,6%, algo más de un tercio, por lo que no es suficiente para cumplir el objetivo, que se fija como meta la reducción en dos terceras partes de la mortalidad infantil. **b** Se relaciona con el objetivo 7. La información que proporciona no nos sirve para evaluar el grado de consecución de la meta, porque se centra en el crecimiento que experimentó la población de los barrios más precarios, no dice nada acerca de sus condiciones de vida, cuya mejora se ha fijado como meta.

7 Cuadro correcto: 1 punto. Hasta dos errores: 0,5 puntos. Resto: sin puntuación.

INDICADOR	OBJETIVO	META	¿SE CUMPLE? SÍ / NO
a En 1990 se emitían 5086 toneladas métricas de CO_2 a la atmósfera, hoy son 15.203.	7	9	No
b En 1990, el 86,8% de los niños tenía acceso a la educación elemental frente a un 80,5% de niñas, hoy son el 99,7% de los niños y el 99,6% de las niñas.	3	4	Sí
c En 1990, la población que estaba desnutrida era un 15,3%, hoy es un 30,4%.	1	2	No
d En 1990, la población que ingresaba menos de un dólar al día era un 16,2%, hoy es un 13,5%.	1	1	No
e En 1990, la población que vivía con VIH era un 0,1%, hoy es un 0,8%.	6	7	No
f En 1990, la tasa de mortalidad de niños menores de 5 años por cada 1000 nacidos vivos era de 78, hoy es de 30,4.	4	5	No
g En 1990, la tasa de mortalidad materna por cada 100.000 alumbramientos era de 160, hoy es de 120.	5	6	No
h En 1990, las personas que tenían acceso al agua potable eran un 62%, hoy son un 78%.	7	10	No
i En 1990, las servidumbres de la deuda suponían un 13,1%, hoy suponen un 4,9%.	8	15	Sí
j En 1990, los niños y niñas que llegaban a terminar la Educación Primaria eran un 83,7%, hoy son un 99,6%.	2	3	Sí
k En 1990, se registraban 134 casos de tuberculosis por cada 10.000 habitantes; hoy solo 111.	6	8	Sí

8 **a** La media de crecimiento anual del país donde vive el niño Juan sería de un 6,45. **b** La diferencia entre ambos sería de un 4.95% anual. **c** Debemos descartar el gráfico A, porque, según los datos, el crecimiento de ambos países será continuo; también el gráfico D, porque en él uno de los países experimenta un crecimiento negativo; por último, entre el gráfico C y el B debemos decantaros por este último, que refleja la evolución de uno y otro país con curvas más o menos pronunciadas (el porcentaje de crecimiento es el mismo cada año, pero no la riqueza de la que se parte, que aumenta proporcionalmente) en lugar de con rectas (lo cual sería correcto si estuviéramos hablando de un incremento lineal, es decir, de añadir cierta cantidad fija cada año y no un porcentaje).

9 Respuesta libre. Se valorará la capacidad de síntesis que demuestre el estudiante y su habilidad para exponer clara y ordenadamente sus ideas (1 punto). Si el texto está desarticulado, su contenido es vago o presenta errores de expresión: 0,5 puntos. Resto: sin puntuación.

10 Las respuestas que estén correctamente redactadas y hagan hincapié en la relación que guardan las metas entre sí y en cómo el cumplimiento de una de ellas potencia el resto recibirán 1 punto. Si no se justifica la respuesta o se hace de forma vaga: 0,5 puntos. Resto: sin puntuación.

11 Los verbos del texto están en infinitivo.

12 Porcentaje. / Educación, propagación, asociación, cooperación, colaboración, información. / Saneamiento. / Pobreza. / Igualdad, disparidad, mortalidad, sostenibilidad, necesidad. / Autonomía. Si todas las categorías están representadas al menos por una palabra: 1 punto. Un error: sin puntuación.

13 *Cooperación*: colaboración; *países*: naciones, estados, territorios, regiones; *elaborar*: confeccionar, proyectar, diseñar; *aplicar*: llevar a la práctica, poner en marcha, implementar; *proporcionen*: faciliten, procuren, ofrezcan, aporten; *trabajo*: ocupación, función, cometido, tarea, oficio, profesión, empleo, puesto; *productivo*: fecundo, provechoso, lucrativo, rentable, bien remunerado, ventajoso. Las respuestas que se hayan construido con estos elementos u otros semejantes recibirán 1 punto. Un error: 0,5 puntos. Resto: Sin puntuación.

14 **a** escenario, **b** escéptico, **c** espectador, **d** exponer, **e** estrafalario, **f** exilio, **g** esclavo, **h** estratosfera, **i** expresivo, **j** espléndido, **k** exclusivo, **l** extraviado, **m** exageración, **n** excusa, **ñ** estreñimiento (1 punto). Dos errores: 0,5 puntos. Resto: sin puntuación.

15 «En cooperación con los laboratorios farmacéuticos» – Complemento del nombre «cooperación» / «Cooperando con los laboratorios farmacéuticos» – Complemento de régimen del verbo «cooperar» (1 punto). Respuesta parcial: 0,5 puntos. Resto: sin puntuación.

Dictado 6. Para su valoración, hay que tener en cuenta los baremos de la última página del solucionario.

Declaración del milenio

No escatimaremos esfuerzos para liberar a nuestros semejantes de las condiciones deshumanizadoras de la pobreza extrema, a la que están sometidos más de 1.000 millones de personas. Estamos empeñados en hacer realidad para todas ellas el derecho al desarrollo y a poner a toda la especie humana al abrigo de la necesidad. Resolvemos, en consecuencia, crear un entorno propicio al desarrollo y a la erradicación de la pobreza. Creemos que la tarea a que nos enfrentamos hoy es conseguir que la globalización se convierta en una fuerza positiva para todos los habitantes del mundo, ya que, si bien ofrece grandes posibilidades, en la actualidad sus beneficios se distribuyen de forma muy dispar al igual que sus costos. Nos incumbe la responsabilidad colectiva de respetar y defender los principios de la dignidad humana, la igualdad y la equidad en el plano mundial.

Prueba 7. *La tesis de barro*

1 Respuesta correcta: **b** (1 punto). Resto: sin puntuación.

2 Respuesta correcta: **g** (1 punto). Resto: sin puntuación.

3 **a**F, **b**V, **c**V, **d**F, **e**V, **f**F, **g**F, **h**V, **i**V, **j**F, **k**F, **l**V, **m**V (1 punto). Hasta dos errores: 0,5 puntos. Resto: sin puntuación.

4 **a**2, **b**6, **c**5, **d**4, **e**6, **f**7 (1 punto). Hasta dos errores: 0,5 puntos. Resto: sin puntuación.

5 **a**5, **b**4, **c**1, **d**6, **e**7, **f**2, **g**9, **h**8, **i**3 (1 punto). Hasta dos errores: 0,5 puntos. Resto: sin puntuación.

6 En el mundo desarrollo, la palabra «tesis» tiene connotaciones positivas y de prestigio, los hablantes la relacionan con la cultura, el conocimiento, la especialización, el ámbito académico y universitario; el término «barro», en cambio, se relaciona con la suciedad y la falta de salubridad. **a** La combinación de ambos términos en un mismo sintagma resulta chocante y contradictoria, ya que sugiere la unión de lo inculto y lo cultivado. **b** Una vez se conoce el significado de la expresión, la palabra «barro» se dignifica, ya que aparece relacionada con valores como la solidaridad o el progreso. Las respuestas que vayan en esta línea se valorarán con 1 punto. Un error o respuestas vagas, sobre todo si están mal enfocadas o escasamente justificadas: 0,5 puntos. Resto: sin puntuación.

7 **Aspectos que habría que mejorar:** Pavimentar las calles. Extender la educación a niños y jóvenes. Mejorar los recursos materiales de los que disponen estudiantes y profesores, y construir más centros. Promover la igualdad entre hombre y mujer. Crear infraestructuras que potencien la economía. / **Aspectos que merecería la pena incorporar:** La generosidad con la que se comparte el tiempo. La alegría. Las ganas de aprender. La imaginación y el buen humor. Una convivencia basada en la tolerancia, la acogida y la solidaridad. El sentido de comunidad. El trabajo común y la cooperación para lograr ciertos objetivos. La actividad física en lugar de una vida sedentaria.

Salvo en lo tocante a la igualdad de género, los elementos de la primera lista se centran en necesidades materiales; los de las segunda hacen referencia a valores y actitudes. Respuestas que vayan en esta línea: 1 punto. Dos errores o respuestas vagas, sobre todo si están mal enfocadas o escasamente justificadas: 0,5 puntos. Resto: sin puntuación.

8 Hay razones para creer que Fernando es feliz: no se aburre, «aquí se me pasa el tiempo casi sin sentir»; disfruta de su tiempo libre, «comenzamos el curso [...] después de haber pasado unas Navidades bastante divertidas»; afronta los problemas con una actitud positiva, «carecemos de lo más esencial, pero lo suplimos con imaginación y buen humor»; se enriquece como persona, «he aprendido de ellos una barbaridad en todos los sentidos»; está satisfecho de su trabajo, «la experiencia es muy gratificante»; físicamente se encuentra bien, «Trataré de mandaros algunas fotos <para que> [...] veáis qué buen aspecto tengo, la actividad física y la altura me sientan muy bien». Respuestas que vayan en esta línea: 1 punto. Respuestas vagas, sobre todo si están mal enfocadas o escasamente justificadas: 0,5 puntos. Resto: sin puntuación.

9 Respuesta libre. Se valorará que el estudiante demuestre su capacidad para exponer clara y ordenadamente sus ideas, así como los argumentos que aporte para defender su punto de vista (1 punto). Si no se justifica la respuesta, se hace de forma vaga o el texto presenta errores de expresión: 0,5 puntos. Resto: sin puntuación.

10 El estudiante debería subrayar el tono personal, cercano que imprime a la carta su condición manuscrita. Por otra parte, la información que transmitimos no se centra exclusivamente en el aspecto verbal del texto: la materialidad de la carta (papel, tinta, caligrafía, el propio sobre) tiene una importancia de primer orden, constituye un lenguaje no verbal que es preciso saber manejar de forma adecuada en cada situación. Respuestas que vayan en esta línea: 1 punto. Si no se justifica la respuesta, se hace de forma vaga o el texto presenta errores de expresión: 0,5 puntos. Resto: sin puntuación.

11 Cuadro correcto (1 punto). Dos formas erróneas: 0,5 puntos. Resto: sin puntuación.

PERSONA	NÚMERO	TIEMPO	MODO	VERBO	FORMA
1.ª	singular	presente	indicativo	comenzar	comienzo
infinitivo				caminar	caminar
1.ª	singular	pret. perf. simple	indicativo	encontrar	encontré
3.ª	singular	futuro	indicativo	haber	habrá
3.ª	plural	presente	subjuntivo	reclamar	reclamen
1.ª	singular	pret. perf. compuesto	indicativo	redactar	he redactado
gerundio				preparar	preparando

12 Cuadro correcto (1 punto). Dos formas erróneas: 0,5 puntos. Resto: sin puntuación.

VERBO	SUSTANTIVO	ADJETIVO
admitir	admisión	admisible
improvisar	improvisación	improvisado
necesitar	necesidad	necesario
divertir	diversión	divertido
exceder	exceso / excedente	excesivo
importar	importancia	importante
enaltecer	altura	alto

13 **a** profesionales de la construcción, **b** herramientas de construcción, **c** vías públicas, **d** edificios públicos, **e** dependencias de una vivienda, **f** un campo asociativo. Respuestas correctas: 1 punto. Un error en la asignación de campo semántico o en la pregunta: 0,5 puntos. Resto: sin puntuación.

14 **a** por qué, **b** porque, **c** porqué, **d** por que, **e** por que (1 punto). Un error: 0,5 puntos. Resto: sin puntuación.

15 Respuesta correcta: **b** (1 punto). Resto: sin puntuación.

Dictado 7. Para su valoración, hay que tener en cuenta los baremos de la última página del solucionario.

Educación para todos

En todo el mundo hay casi 130 millones de niños que no tienen acceso a la escuela. A ellos hay que sumar los 900 millones de adultos analfabetos que existen. La educación es un instrumento indispensable para lograr el desarrollo personal y colectivo. Las personas que no saben leer y escribir y no han adquirido unos conocimientos aritméticos básicos no tienen posibilidad de aprender las técnicas necesarias que les permitirían encontrar un empleo con el que ganarse la vida y promocionarse socialmente. Por otra parte, quienes han recibido educación conocen mejor sus derechos y, llegado el momento, están en condiciones de exigirlos o defenderlos. Esto que es cierto en términos generales, lo es mucho más en el caso de las niñas y las mujeres, que deben superar la barrera de la desigualdad para tomar decisiones que transformen su familia y, con el tiempo, su comunidad.

Prueba 8. *Males que tienen remedio*

1 Respuesta correcta: **d** (1 punto). Resto: sin puntuación.

2 VIH/Sida, malaria o paludismo, tripanosomiasis africana y leishmaniasis o kala azar. Respuesta correcta: 1 punto. Un error: 0,5 puntos. Resto: sin puntuación.

3 **a**F, **b**V, **c**F, **d**V, **e**F, **f**V, **g**F, **h**F, **i**F, **j**F, **k**F, **l**V, **m**V (1 punto). Hasta dos errores: 0,5 puntos. Resto: sin puntuación.

4 Cuadro correcto: 1 punto. Hasta tres errores: 0,5 puntos. Resto: sin puntuación.

	VÍA DE TRANSMISIÓN	¿A QUÉ ÓRGANOS O SISTEMAS AFECTAN?	¿CUÁLES SON SUS CONSECUENCIAS?	TERAPIA
Sida	Vía sexual, contacto con la sangre de personas infectadas, vía maternofilial.	Sistema inmunitario.	Infecciones oportunistas, cánceres, alteraciones del tejido nervioso y de las mucosas intestinales.	No existe vacuna ni terapia efectiva, pero sí fármacos que bloquean las enzimas del virus (retrotranscriptasa, proteasas) y controlan la evolución de la infección.
Malaria	Picadura de mosquitos.	Los parásitos se multiplican en el hígado e infectan los glóbulos rojos.	Altera el riego sanguíneo de órganos vitales.	Medicamentos basados en la artemisinina.
Tuberculosis	Vía aérea.	Pulmones.	Tos persistente, esputos sanguinolentos, dificultades respiratorias, fiebre y sudoración.	Isoniacida, rifampicina, pirazinamida, etambutol, estreptomicina, cicloserina, etionamida, ciprofloxacino.
Chagas	Picadura del chinche, transfusión de sangre contaminada, alimentos contaminados o vía maternofilial.	Sistema nervioso, digestivo y corazón.	Demencia, megacolon, megaesófago, problemas de deglución, desnutrición, miocardiopatía.	Nifurtimox y benzinidazol, posaconazol y amiodarona.
Dengue	Picadura de mosquitos.	Hígado, corazón y cerebro.	Fiebre, dolor de cabeza, muscular y articular	No existen fármacos.
Tripanosomiasis	Picadura de la mosca tsé-tsé.	El parásito se reproduce en la sangre, en el sistema linfático y luego afecta al sistema nervioso.	Fiebre, jaquecas, debilidad y dolores articulares, cambio de carácter, pérdida de concentración, irritabilidad, somnolencia, coma.	Pentamidina, melarsoprol, eflornithine y suramin.
Filariasis linfática	Picadura de mosquitos.	Sistema linfático.	Las extremidades del enfermo se inflaman.	Ivermectina, dietilcarbamacina y albendazol.
Leishmaniasis	Picadura de la mosca de la arena.	Sistema inmunitario.	Anemia, pérdida de peso, agrandamiento del bazo y de los ganglios linfáticos, fiebre.	Estiboglucanato sódico, antimoniato de meglimina, isotionato de pentamidina.

5 a VIH/Sida, dengue, **b** tuberculosis, **c** malaria o paludismo, chagas, tripanosomiasis africana, filariasis linfática y leishmaniasis o kala azar. **A** filariasis linfática, **B** dengue, **C** malaria, **D** tuberculosis. Respuesta correcta: 1 punto. Un error en cualquiera de los bloques: 0,5 puntos. Resto: sin puntuación.

6 Cuadro correcto: 1 punto. Falta de datos o error en un apartado: 0,5 puntos. Resto: sin puntuación.

CHAGAS

- **Fase aguda.**
  - Edema en la zona de la inoculación
- **Fase asintomática.**
- **Fase crónica.**
  - Sistema nervioso (demencia)
  - Sistema digestivo (megacolon, megaesófago, problemas de deglución, desnutrición).
  - Corazón (miocardiopatía)-

DENGUE

- **Primera fase.**
  - Fiebre, jaquecas, debilidad y dolores articulares
- **Segunda fase.**
  - Sistema nervioso: cambios de carácter, pérdida de concentración, irritabilidad, somnolencia.
- **Tercera fase**
  - El paciente entre en coma y muere

ENFERMEDADES TROPICALES

7 **a** Podría afectarles el chagas, ya que se transmite por la picadura del chinche, que vive en casas de adobe. **b** La imagen B muestra el aspecto del chinche. **c** Debería incluir los fármacos del grupo a). **d** 1, 3, 5, 9, 11 13. **e** 2, 4. Respuesta correcta: 1 punto. Hasta dos errores u omisiones: 0,5 puntos. Resto: sin puntuación.

8 **A** dengue, **B** chagas, **C** tripanosomiasis africana, **D** leishmaniasis o kala azar. Respuesta correcta: 1 punto. Un error: 0,5 puntos. Resto: sin puntuación.

9 Respuesta libre. Se valorará que el estudiante demuestre su capacidad para exponer clara y ordenadamente sus ideas, así como los argumentos que aporte para defender su punto de vista (1 punto). Si no se justifica la respuesta, se hace de forma vaga o el texto presenta errores de expresión: 0,5 puntos. Resto: sin puntuación.

10 El estudiante debería aportar ejemplos como los siguientes: Objetividad – Oraciones en tercera persona: «El paciente pasa por una primera fase de sintomatología inespecífica». «No existe vacuna». Oraciones impersonales o pasivas reflejas: «La enfermedad se transmite por la picadura de mosquitos infectados». «A los infectados se los trata con ivermectina». Adjetivos especificativos: «África subsahariana». «Sistema inmunológico». «Fármacos antivíricos». Claridad – Oraciones breves: «Se transmite por la picadura de la mosca de la arena». La descripción de cada enfermedad sigue una estructura paralela: vía de transmisión, órganos afectados, consecuencias, terapia, países afectados. Reiteraciones: «La prevención más eficaz son las mosquiteras tratadas con insecticidas de acción prolongada y fumigar los interiores con insecticidas de acción residual». Universalidad – Tecnicismos: «proteasas», «antipalúdicos», «vía maternofilial», «fase asintomática», «miocardiopatía». Precisión – Datos exactos: «El 60% <de los enfermos de Sida en África> son mujeres» (1 punto). Si no se justifica la respuesta, se hace de forma vaga o el texto presenta errores de expresión: 0,5 puntos. Resto: sin puntuación.

11 Cerca de la mitad de la población mundial *corrió* el riesgo de padecer esta enfermedad, pero la mayoría de las muertes se *dieron* en el África subsahariana. La enfermedad se *transmitía* por la picadura de mosquitos infectados. [...] La prevención más eficaz *han sido* las mosquiteras tratadas con insecticidas de acción prolongada y fumigar los interiores con insecticidas de acción residual. Respuesta correcta: 1 punto. Un error: 0,5 puntos. Resto: sin puntuación.

12 **a** acrónimo, **b** acrónimo, **c** acrónimo, **d** sigla, **e** sigla, **f** sigla. Respuesta correcta: 1 punto. Un error: 0,5 puntos. Resto: sin puntuación.

13 *Hacinamiento:* Utilizamos esta palabra para referirnos a la situación que se produce cuando un grupo numeroso de personas se encuentra confinado en un recinto o un lugar reducido, sin suficiente espacio para albergarlo. Sinónimos: amontonamiento, acumulación, aglomeración. *Salubridad:* Condiciones saludables o higiénicas. Sinónimos: higiene, limpieza, salud, sanidad (1 punto). Un error tanto en la definición como en los sinónimos: 0,5 puntos. Resto: sin puntuación.

14 **a** caracteres, **b** exámenes, **c** especímenes, **d** jóvenes, **e** regímenes, **f** volúmenes. Se producen desplazamientos acentuales en caracteres, especímenes y regímenes (1 punto). Un error (0,5 puntos). Resto: sin puntuación.

15 Respuesta correcta: 1 punto. Un error (siempre que se haya identificado correctamente el complemento predicativo): 0,5 puntos. Resto: sin puntuación.

Hoy	miles de personas	viven	enfermas de tuberculosis	en los países en desarrollo.
CCT	Sujeto	V	CPvo	CCL

Dictado 8. Para su valoración, hay que tener en cuenta los baremos de la última página del solucionario.

Las enfermedades de los pobres

Según la Organización Mundial para la Salud, la principal causa de mortalidad en los países desarrollados son las enfermedades cardiovasculares relacionadas con un estilo de vida sedentario. En los países pobres, en cambio, la mayoría de las muertes se deben a seis enfermedades infecciosas bien identificadas: neumonía, tuberculosis, diarreas, malaria, sarampión y Sida. Se da la paradoja de que el 90% de los recursos destinados a la investigación médica se concentran en tratar de resolver un 10% de los problemas de salud del planeta y, viceversa, el 90% de las patologías globales son atendidas con el 10% de los medios disponibles. Los expertos coinciden en que las condiciones de vida de los países empobrecidos mejorarían notablemente con programas de vacunación adecuados, alimentos, agua limpia y una vivienda digna.

Prueba 9. *Es hora de actuar*

1 Respuesta correcta: **c** (1 punto). **b** (0,5 puntos). Resto: sin puntuación.

2 Respuesta correcta: **b** (1 punto). Resto: sin puntuación.

3 Respuesta correcta: **a** (1 punto). Resto: sin puntuación.

4 **a**5, **b**1, **c**8, **d**6, **e**4, **f**3, **g**2, **h**7. Respuesta correcta: 1 punto. Dos errores: 0,5 puntos. Resto: sin puntuación.

5 **a**A, **b**R, **c**R, **d**A, **e**E, **f**E, **g**R, **h**R, **i**R, **j**A. Solo se corrigen dos planteamientos, en ambos casos con el mismo argumento: «Está muy bien que compartamos tiempo y experiencias con los demás, que nos prestemos apoyo y que saquemos partido de nuestras habilidades profesionales, pero me gustaría recordaros que el trabajo de un voluntario es desinteresado». Respuesta correcta: 1 punto. Hasta dos errores en cualquiera de las dos partes: 0,5 puntos. Resto: sin puntuación.

6 **a** Javier del Valle, **b** Marta Cano, **c** Estela Ruiz, **d** César Valiente, **e** David Martínez, **f** José Cruz, **g** Marga Álvarez, **h** Rosa Rodríguez. Respuesta correcta: 1 punto. Hasta dos errores: 0,5 puntos. Resto: sin puntuación.

7 **a**, **b**, **d**, **h**, **j**, **k l**, **n**, **o**. Respuesta correcta: 1 punto. Hasta dos errores: 0,5 puntos. Resto: sin puntuación.

8. ACTA DE CONSTITUCIÓN DE LA ASOCIACIÓN «COMUNIDAD SOLIDARIA».
Reunidas las personas que se detallan a continuación (por el orden alfabético de su apellido): Marga Álvarez, Marta Cano, José Cruz, David Martínez, Rosa Rodríguez, Estela Ruiz, César Valiente, Javier del Valle.
ACUERDAN: **1** «Comunidad solidaria». **2a** Atención a enfermos y ancianos, **2b** Promoción social, **2c** Mujer e infancia. **3a.1.** Realizar actividades de asistencia a ancianos en coordinación con el centro de mayores. **3a.2.** Realizar actividades de animación para niños ingresados en el hospital de la zona. **3a.3.** Programas de apoyo y asistencia a enfermos crónicos o terminales. **3b.1.** Gestionar un ropero para personas sin recursos. **3b.2.** Poner en marcha un servicio de recogida y distribución de alimentos para personas sin recursos**. 3b.3.** Estudiar intervenciones puntuales en situaciones críticas de falta de recursos (pago de recibos, medicinas, productos de primera necesidad). **3c.1.** Ofrecer talleres de educación para la igualdad a centros escolares. **3c.2** Crear un servicio de apoyo y promoción a la mujer. **4** folletos informativos para concienciar a la gente sobre los problemas que existen en su entorno. **5** C/ Belén, 5. **6** 1.500 €. **7** Presidente: Javier del Valle, vicepresidente: Marta Cano, secretaria: Estela Ruiz, responsable de coordinación con otras organizaciones: César Valiente, responsable de comunicación: David Martínez, responsable de proyectos de atención a enfermos y ancianos: José Cruz, responsable de proyectos de promoción social: Marga Álvarez, responsable de proyectos de mujer e infancia: Rosa Rodríguez.
Respuesta correcta: 1 punto. Hasta 4 errores: 0,5 puntos. Resto: sin puntuación.

9 Respuesta libre. Se valorará que el estudiante demuestre su capacidad para exponer clara y ordenadamente sus ideas, así como los argumentos que aporte para defender su propuesta (1 punto). Si no se justifica la respuesta o se hace de forma vaga: 0,5 puntos. Resto: sin puntuación.

10 En lo fundamental, la asamblea responde a la estructura expuesta. Las redacciones que lo evidencien y estén escritas con una corrección lingüística aceptable recibirán 1 punto. Aquellas que presenten errores de enfoque o reiteradas incorrecciones lingüísticas se calificarán con 0,5 puntos. Resto: sin puntuación.

11 Hay (verbo) colectivos (nombre) especialmente (adverbio) vulnerables (adjetivo) por (preposición) los (artículo) que (pronombre relativo) podríamos (verbo) hacer (verbo) muchas (determinante indefinido) cosas (nombre). Respuesta correcta: 1 punto. Un error: 0,5 puntos. Resto: sin puntuación.

12 Apócope: **b** lápiz, **c** foto, **d** cine, **f** metro, **g** profe. Aféresis: **a** bus, **e** Lolo, **h** Lupe. Respuesta correcta: 1 punto. Un error: 0,5 puntos. Resto: sin puntuación.

13 Quien divide sus fuerzas en demasiadas actividades, no suele ser eficaz en ninguna de ellas. Respuestas que vayan en esta línea: 1 punto. Resto: sin puntuación.

14 Antes de poner en marcha una asociación de voluntarios, sus promotores deben reunirse para aclarar algunas cuestiones básicas. En primer lugar, los interesados deben elegir un campo de trabajo: medio ambiente, ayuda humanitaria, ayuda al desarrollo, marginación social... A continuación deben consensuarse unos estatutos, donde se defina el fin de la asociación y se señalen sus principales actividades, así como un reglamento de régimen interno, que establezca las normas básicas (condiciones que debe cumplir una persona para pertenecer a la asociación, forma de elegir a los representantes, requisitos para la toma de decisiones, modo de financiación) a las que tendrán que atenerse todos los miembros. Respuesta correcta o un error: 1 punto. Entre dos y cuatro errores: 0,5 puntos. Resto: sin puntuación.

15 Respuesta correcta: **a** (1 punto). Resto: sin puntuación.

Dictado 9. Para su valoración, hay que tener en cuenta los baremos de la última página del solucionario.
Voluntarios: creciendo con quienes necesitan ayuda
En la actualidad son muchas las personas, sobre todo jóvenes, que dedican parte de su tiempo a ayudar a los demás de forma desinteresada. El trabajo que desarrollan tiene una enorme importancia. No se trata de beneficencia ni de caridad. El verdadero objetivo es hacer algo por los que sufren, cambiando las estructuras que generan ese sufrimiento. En este sentido, es esencial comprender el punto de partida del destinatario de nuestra ayuda y tratar de colaborar con él potenciando sus capacidades y creando las condiciones para que él mismo mejore su situación. Cuando uno vive en un entorno privilegiado desde el punto de vista económico, es fácil caer en el paternalismo; sin embargo, la acción del voluntario solo tendrá sentido si comprende que el verdadero protagonista de cualquier intervención ha de ser precisamente aquel que necesita su ayuda.

Valoración de los dictados

Los dictados se valorarán con un máximo de 1 punto cada uno, baremándolos de acuerdo con la siguiente tabla.

Número de errores	Grafías	Tildes
0-1	0,6 puntos	0,4 puntos
2-3	0,4 puntos	0,2 puntos
4-5	0,2 puntos	0,1 puntos
Más de 6	0 puntos	0 puntos

1 Autoevaluación de la competencia en comunicación lingüística

Traslada a esta tabla la puntuación obtenida en la competencia en comunicación lingüística de cada prueba (todas las celdas A0, A1, A2, A3).

	COMPRENSIÓN LECTORA			
	TOTAL	1. Recuperación de información	2. Interpretación del texto	3. Reflexión y valoración de la forma y el contenido
	A0	A1	A2	A3
PRUEBA 1				
PRUEBA 2				
PRUEBA 3				
PRUEBA 4				
PRUEBA 5				
PRUEBA 6				
PRUEBA 7				
PRUEBA 8				
PRUEBA 9				
TOTAL				
MEDIA*				

* Suma todas las notas y divide el resultado por 9 o por el total de pruebas que hayas realizado.

Traslada a esta tabla la puntuación obtenida en la competencia en comunicación lingüística de cada prueba (todas las celdas B0, B1, B2, B3, B4 y B5).

	CONOCIMIENTOS Y DESTREZAS DE LENGUA					
	TOTAL	**1. Clases de palabras**	**2. Estructura de la palabra**	**3. Relaciones de significado y riqueza léxica**	**4. Corrección ortográfica**	**5. Funciones sintácticas**
	B0	**B1**	**B2**	**B3**	**B4**	**B5**
PRUEBA 1						
PRUEBA 2						
PRUEBA 3						
PRUEBA 4						
PRUEBA 5						
PRUEBA 6						
PRUEBA 7						
PRUEBA 8						
PRUEBA 9						
TOTAL						
MEDIA*						

* Suma todas las notas y divide el resultado por 9 o por el total de pruebas que hayas realizado.

2 | Autoevaluación de las demás competencias

Traslada las X marcadas en las tablas de las demás competencias de cada prueba.

	Competencia matemática: conozco y manejo correctamente objetos matemáticos básicos y utilizo procesos lógicos para resolver problemas cotidianos	**Conocimiento e interacción con el mundo físico:** conozco e interpreto adecuadamente fenómenos naturales y aplico el pensamiento científico-técnico a la toma de decisiones.	**Tratamiento de la información y competencia digital:** conozco el lenguaje específico de las tecnologías de la información y comunicación (textos, convenciones, entornos gráficos) y lo aplico correctamente en la realización de tareas concretas.	**Competencia social y ciudadana:** empleo la lengua con propiedad en las diferentes situaciones de la vida diaria asumiendo deberes, ejerciendo derechos, tomando decisiones, identificando valores, ejerciendo la crítica o resolviendo conflictos de forma constructiva.	**Competencia cultural y artística:** conozco e interpreto adecuadamente fenómenos artísticos y culturales valorándolos como muestra de la capacidad creativa de una sociedad o una época.	**Aprender a aprender:** defino correctamente los términos de un problema, manejo correctamente la información de que dispongo y busco los elementos y recursos precisos para resolverlo, depurando los errores y sistematizando el proceso de cara al futuro.	**Autonomía e iniciativa personal:** afronto las tareas con una actitud positiva y demuestro tener un criterio propio a la hora de actuar.
PRUEBA 1							
PRUEBA 2							
PRUEBA 3							
PRUEBA 4							
PRUEBA 5							
PRUEBA 6							
PRUEBA 7							
PRUEBA 8							
PRUEBA 9							

Alumno: ______________________________

Curso: ______________ Grupo: ______________

Profesor/a: ______________________________

OBJETIVOS DEL CURSO. COMPETENCIA EN COMUNICACIÓN LINGÜÍSTICA

		No ha adquirido los niveles mínimos establecidos.	Ha adquirido los niveles mínimos establecidos.	Supera los niveles mínimos establecidos.	Supera satisfactoriamente los mínimos establecidos.
Comprensión lectora	1. Localiza y obtiene datos del texto.				
	2. Comprende globalmente el texto.				
	3. Elabora una interpretación del texto.				
	4. Recurre a conocimientos, ideas o actitudes externas al texto para relacionarlos con él.				
Conocimientos y destrezas de Lengua	5. Clasifica palabras según su categoría gramatical.				
	6. Identifica la estructura de las palabras.				
	7. Reconoce las relaciones de significado entre las palabras.				
	8. Posee riqueza léxica.				
	9. Aplica las normas ortográficas.				
	10. Identifica las funciones sintácticas de la oración.				

COMPETENCIAS BÁSICAS

	No la ha adquirido.	La ha adquirido parcialmente.	La ha adquirido satisfactoriamente.
Competencia matemática: conoce y maneja correctamente objetos matemáticos básicos y utiliza procesos lógicos para resolver problemas cotidianos.			
Conocimiento e interacción con el mundo físico: conoce e interpreta adecuadamente fenómenos naturales y aplica el pensamiento científico-técnico a la toma de decisiones.			
Tratamiento de la información y competencia digital: conoce el lenguaje específico de las tecnologías de la información y comunicación (textos, convenciones, entornos gráficos) y lo aplica correctamente en la realización de tareas concretas.			
Competencia social y ciudadana: emplea la lengua con propiedad en las diferentes situaciones de la vida diaria asumiendo deberes, ejerciendo derechos, tomando decisiones, identificando valores, ejerciendo la crítica o resolviendo conflictos de forma constructiva.			
Competencia cultural y artística: conoce e interpreta adecuadamente fenómenos artísticos y culturales valorándolos como muestra de la capacidad creativa de una sociedad o una época.			
Aprender a aprender: define correctamente los términos de un problema, maneja correctamente la información de que dispone y busca los elementos y recursos precisos para resolverlo, depurando los errores y sistematizando el proceso de cara al futuro.			
Autonomía e iniciativa personal: afronta las tareas con una actitud positiva y demuestra tener un criterio propio a la hora de actuar.			

Observaciones y sugerencias para la familia

Firma profesor/a

Firma del padre / madre / tutor

Editorial Casals, fundada en 1870
Libro adaptado a los contenidos que prescribe la Ley Orgánica 2/2006, de 3 de mayo, por la que se establecen las enseñanzas mínimas correspondientes a la Educación Secundaria Obligatoria.

Coordinación editorial: Fina Palomares
Diseño de cubierta e interior: Estudi Vilageliu
Maquetación: Joan Boldó Edició
Ilustración: Jaume Farrés
Fotografía: Thinkstock

Casp 79, 08013 Barcelona
Tel.: 902 107 007 Fax: 93 265 68 95 http://www.editorialcasals.com http://www.ecasals.net

Primera edición: marzo de 2013
ISBN: 978-84-218-5311-5
Depósito legal: B-1574-2013
Printed in Spain
Impreso en Índice, S. L.